願各位股票投資成功，
晉升成為大富翁。

南錫官　敬上

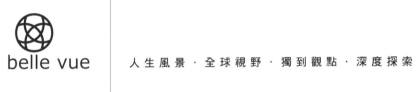

belle vue

人 生 風 景 ‧ 全 球 視 野 ‧ 獨 到 觀 點 ‧ 深 度 探 索

belle vue

人生風景・全球視野・獨到觀點・深度探索

南錫官—著 蔡佩君—譯

BE A SUPER INVESTOR !

超級散戶的

獲利模式

손실 없는 투자원칙

韓國股票投資大會冠軍的實戰交易法，
短中長線都能賺！

◆ 本書作者版稅將全額捐贈給非營利公益組織。

◆ 小心假南錫官！

　南錫官絕無利用收費講座、Telegram、Kakao Talk 公開聊天室等社交網絡服務，針對讀者或一般投資人提供證券討論區、會員管理、提供投資資訊等一切營業或營利之行為。請各位務必當心「假南錫官」。

◆ 編輯說明：本書所述之個股漲跌幅及進出場時機之判斷，均以韓國股市為主，有鑑於其諸多規範與臺股不同（韓國股市交易時間為上午 9 點至下午 3 點半，當日漲跌幅限制為上下 30%），實際運用上還須參酌臺股規範與現實狀況加以調整，僅供讀者參考。

前言

　　睽違四年，我又重新執筆寫書了。不知不覺間已經是第三本了，我經常想，這也許是我人生中最後一本股票書吧。我跟所有作者一樣，花了很長時間思考如何把複雜的內容化繁為簡，傳遞給讀者；哪些內容，可以對投資人帶來實質幫助。我得出的結論是，如實整理出我的投資經驗，以及股票交易的方法，應該可以對各位帶來些許幫助吧。我認為透過寫書、上節目、接受財經媒體的訪談，真誠地分享我的投資經驗和成效，是上天賦予我的任務。

　　感謝各位對我第一本書《實戰投資公式》（暫譯）和第二本書《讓你一輩子成為有錢人的股票投資》（暫譯）的支持與鼓勵，我一直銘記在心。雖然晚了一些，但我依然想向各位聊表謝意。我知道對股票投資人來說，前面幾本書在實際應用面上多少有些局限性，所以這次我決定執筆寫下「對實戰投資有幫助」的內容，也就是所謂的「交易方法」。要利用文字完整表達出主觀的投資經驗，有一定的極限，但這也讓我感到我的責任十分重大。有些內容也許會跟我過去的著作有所重複，不過這些部分對股票投資來說非常重要，所以我想反覆強調，還請各位多多諒解。

　　投資股票時，我們所追求的價值和理想就是獲利。所以這本書，我把重點集中在股票投資的兩種獲利方式──「股息」與「交易」。PART 1 和 PART 2 講述的是股票投資人必備的基礎知識。接著，是我

想和各位分享的實戰交易法。「低買高賣」對一般投資人而言，應該是最困難的部分吧。我認為我的經歷，可以為各位帶來不少幫助。雖然我已竭盡全力，但內容永遠不可能完美。坊間有各種股票書籍，介紹了各式各樣的獲利方式，即便是實力堅強的投資人，不管是誰都一定有缺點和優點。不過，我全職從事股票投資 23 年來，未曾遭遇年度虧損（僅 2022 年小虧），我認為我的優勢在於，不管是短期投資或是中長期投資，我都能從中獲利。

長時間以來，我的交易方式早就成為身體的肌肉記憶，有的時候我也是憑著感覺在做交易，要把我的交易方法寫成文字，實在不容易。我只能反覆閱讀，把這些方式實際應用在投資上，建立出一套可以幫助各位提高勝率的投資方法。我希望各位要相信，好好學習、熟悉一套股票投資方法，你們也能創造出大收益與大行情。

世界瞬息萬變，股票市場反映著這些變化。究竟要投資價值股還是成長股，在股票市場上早已成為陳腔濫調。2020 年新冠疫情爆發，許多新手投資人進入股市。現在的世界光仰賴勞動收入，已經很難過上幸福的人生了。當然，錢並不是一切，但錢不夠的話，生活的品質必定下滑。投資儼然成為日常，不分男女老少，也成為了大家口中的重要話題。我認為，未來還會有更多人對股票投資產生興趣。對於適應資本主義體系，以及在資本主義中生存而言，投資勢在必行。

我踏入股市已經 37 年，也以全職投資人的身分，不知不覺間走過23 個年頭。我曾在韓國頂級證券公司舉辦的「實戰投資大會」上，六次取得第一名、第二名的成績。當然也是我運氣好，才能獲得如此這般的成績。在變化萬千、難以維持獲利的股票市場上，我之所以有這

樣的成績，是因為我樹立且貫徹了兩項原則。

　　第一個原則是「靈活的思維」。在波動性極大的市場上，我們不可能預測指數或股價。這時候，我們需要的就是「靈活的思維」。隨著時代潮流思考、擁有找尋新機會的眼光、修正錯誤投資習慣的勇氣，這就是所謂的靈活思維。接下來，只要我們手邊持有現金，市場就會告訴我們新的機會在哪裡。靈活的思維，是身為投資人的必要條件。

　　第二個原則是不要逃避或害怕「停損」。我們必須懂得停損，不讓自己陷入無法翻身的狀態，才能夠尋找下一個機會，東山再起。雖然我想說的很多，但只要記得這兩項原則，並加以實踐，就可以在市場上取得先機。光憑一本書，無法完整收錄股票投資一道所需的龐大資訊量。但只要這本書收錄的內容，能在股票投資方面帶給各位讀者幫助，就已足矣。

　　這本書的出版，受到了許多人的幫助。我想感謝不惜辛勞，陪著我一起討論和校訂初稿的李洪奎（音譯）、張哲均（音譯）研究員。感謝鐵砧出版社毫無保留的幫忙。也想感謝在這漫長的歲月裡，默默相信和支持著我的妻子、不知不覺間已經成家立業的兒子，以及在自己的崗位上為生活努力奮戰的女兒。

　　最後，我希望各位讀者的未來好運連連，並由衷地希望各位投資人，投資成功、大舉獲利（創造大行情）。

　　　　　　　　　　　　　　　　　　　雨潭，南錫官　敬上

CONTENTS

PART 2

做好準備，一舉拿下行情利差（觀察市場）

 **PART 3**

中長期投資人低買高賣的方法

PART 4

用短期投資獲利

PART 5

創造行情噴發（大額利差）的股票投資

PART 6

股票投資獲利的最後一塊拼圖

· ·

PART 1

透過股票
讓資產增值的
兩種方法

金融投資的本質

　　依據韓國《資本市場與金融投資業相關法》的定義，金融投資是可能造成資金（本金）發生損失的投資。反之，本金幾乎不會虧損的銀行儲蓄，就不屬於金融投資。所以我們在投資的時候，務必要考慮「虧損」的問題。我會以最具代表性的不動產和股票為例，做個簡單比較，以便各位讀者理解。

　　所謂不動產投資（土地與住宅），買進標的後經過一段時間，若不動產價格上漲，就會產生利差（賣出價－買入價）與租賃收益（全租或月租等）。若不動產價格下跌，資產會因行情發生損失，但一般來說，租賃收益是固定不變的。

　　股票投資跟不動產很像。買進股票後，假如股價隨著時間上漲，投資人就會獲得利差，反之，下跌的話就會虧損。但股票除了利差以外，還有領取股息的權利（不過有些個股不會發放股息）。總結

來說，股票投資獲利的方式大致可分成兩種，第一種是公司盈餘分配出來的「股息」，第二種是股價上漲所產生的「利差」。

股票投資的兩種獲利方式：
　　①股息收益
　　②股價上漲（利差）所帶來的收益

讓我們一起在 PART 1 裡，認識一下這兩種獲利概念吧。

CHAPTER 1

配息

作為股票投資人，大家應該都知道什麼是配息，但我還是想從配息開始說起。所有投資人包含我在內，投資股票最主要的原因是什麼？我們之所以投資股票，最終目的就是創造收益，讓資產增值。投資人努力創造資產，讓資產增值，這種行為在資本主義的市場經濟上，可以說是一種「趨近於本能的行為」。對於投資來說，首要與次要目標都是創造收益。能帶來獲利的投資，才是真正的投資。

　　資本主義的市場經濟上，被認可的投資方法很多。股票投資是其中一種，我們藉由觀察企業的成長潛能，預測企業的未來價值，以股東身分直接參與其中。假如我們投資的公司符合預期，績效不錯，股東將會獲得收益，作為參與市場的回報。股息，就是企業把部分的經營成果，以「配息」的方式回饋給股東，現在讓我們來仔細了解一下什麼是配息吧。

SELL

1. 配息的定義

一家認真營運的公司，在有盈餘的情況下，把盈餘回饋給投資自家公司的股東，就是所謂的配息。不過配息有三種方式，一種是發放現金給股東，第二種是發放股票給股東，還有另一種是以實物資產分配給股東。當然，投資人必須在除權息基準日前持有該公司的股票才能獲得配息。

不論是以前還是現在，公司發展事業的時候，很難只仰賴自有資本來支付所有的費用。為此，公司會公開自己未來的事業計畫，從認同的投資人身上募集資金、開拓事業。經營的過程若產生盈餘，再把賺進來的收益分配給投資人，從常理上來說，這是非常合情合理的行為。

但是，並非所有公司都會這麼做。投資人也許會感到遺憾，不過確實並非所有上市公司都會進行配息。* 以 2021 年下半年來說，大韓民國證券市場的上市公司裡，約有 20% 的公司沒有導入配息制度。這些公司不發放股息的理論是——

「把收益再投資，追求更高度的成長！」

不過，隨著全球趨勢改變，已經有越來越多公司開始朝配息的方

---

* 波克夏・海瑟威就是著名不發股息的公司之一，全球投資人常誤以為其最大股東華倫・巴菲特（Warren Buffett）很吝嗇，不願發放股息。然而，那是由於巴菲特看待配息股的角度，和一般人不同。人們對不引進配息制度的公司懷抱誤解，大家總是以為，盈餘滿滿又不分享利潤的公司，是因為它們「急於滿足自己的私慾」。但巴菲特曾說過，不管一家公司透過什麼營運行為獲利，之所以不發放股息，一定都有它這麼做的理由。詳細內容，請各位參考後續〈巴菲特認為配息是好是壞？〉的章節。

向實行。在這種風氣下，要求公司發放股息的投資人越來越多。在投資人積極要求配息的情況下，開始響應配息制度的公司也不斷增加。所以我認為，日後會有更多公司開始發放股息。下方是有關「行動主義基金」的解說，提供給各位參考。近期行動主義基金強烈要求公司發放股息，了解什麼是行動主義基金，不只對股票投資有幫助，在金融知識方面也有諸多助益。

有錢人必備的股票投資常識❶

了解行動主義基金

何謂「行動（積極）主義投資」？最近「行動主義基金」的議題備受關注，讓我們來仔細了解一下。這裡的行動主義，指的是持分數（持有的股票數量）足以影響公司決策的股東，要求企業改善經營和公司治理結構，並提高配息。不同於過去，股東們彼此團結，積極作為，表達自己的想法，在現代已成常態。行動主義投資，有下列幾種形式。

｜行動主義投資模型｜

行動主義投資模型	內容
做空 * 型	了解某家公司的弱點後進行做空，接著把這項弱點公布於市場上，讓股價下跌，從中獲利的形式。

---

* 做空：預測股價將走跌，借券後賣出股票，等股價下跌時再買進股票以償還借券的交易方式。藉由這種方式，賺取同等於股價跌幅的利差。反之，若做空後股價上漲，就會虧損。比起散戶，外資或法人更常運用做空的方式進行交易。

參與經營型	要求公司更換管理層、進行公司分割⋯⋯等,以改善整體公司治理結構或經營方式。
ESG * 型	把重點放在環境問題、員工福利等 ESG 方面的形式。
公司獵人型	非常積極要求股東權利。假如股價發生短期利差,就獲利了結,賣出所有持股的形式。

　　近年來,行動主義基金的崛起,成為了影響市場整體趨勢的變數。各位可以把行動主義的崛起,看成是「試圖透過取得公司股份,直接介入經營的基金變多了」。有評論認為,新冠肺炎爆發後,美國為了控制通膨而調漲利率,結果導致全球景氣衰退。這種市場氛圍,促使了行動主義基金投資人積極採取行動。

　　從上述資料可以看到,行動主義基金有很多種型態。按照他們的型態,市場同時存在著兩種不同的看法(正反面兩面)。

　　負面視角:帶給企業經營過多的壓力、做空股票⋯⋯等。
　　正面視角:要求改善公司治理、股東配息⋯⋯等。

　　首先,造成公司混亂,嚴重影響運作,一旦獲利就退場,這種形式會帶給人負面觀感。韓國把這類型的主力稱為「鬣狗」,從事做空型的避險基金是這個類型中最具代表性的型態。但行動主義依然有好

---

* ESG(Environment〔環境〕、 Social〔社會責任〕、Governance〔改善公司治理〕)大致包含三個層面。公司若想持續成長與發展,必須執行環境保護、經營社會責任、改善公司治理結構,進行透明化經營。我認為 ESG 經營正在全球扎根。

的一面，好比公司單方面難以改善的問題，可以透過股東們齊心協力，尋求改革。假如某家公司，不願意把自己一年來透過經營活動所得的獲利回饋給股東，行動主義投資人就會要求公司改善這種不合理的行為。2013 年蘋果公司就曾經歷過，當時蘋果沒有把獲利回饋給股東，而是把盈餘作為儲備資金。得知這件事的行動主義投資人，對蘋果施壓，最終使蘋果動用公司內部的資金，買回庫藏股。

行動主義基金不同於傳統上只透過股票買賣賺取利差，它們一點一滴買進公司持股，積極參與經營，並施加壓力，要求公司改變先前錯誤的慣例，並要求更高額的配息，藉由這種方式獲利。投資人不再處於消極的狀態，而是積極發揮投資人的權利。

行動主義基金，是仔細分析公司財務，若發現有待改善的部分，就施壓要求公司改善，用改善的成果創造收益的投資型態。

再舉一個近期的例子。2023 年初，持有 SM 娛樂 1％股份並要求 SM 娛樂改善公司治理結構的 Align Partners，就是頗具代表性的行動主義基金。

2. 配息的種類

公司配息給股東的方式有三種，讓我們簡單了解一下吧。

第一種是「現金股利」，把利潤以現金的方式回饋給股東。現金股利的資金來源是公司的盈餘，會在每個月底或年末時支付現金給股東，支付的時間每家公司略有不同。現金股利會以每股為單位來標示金額多寡，舉例來說，假如三星電子決議對每股發放 500 韓元現金股利，持有 1 萬股三星電子的投資人，就可以拿到持有股數乘以 500 韓元的現金股利，也就是 500 萬韓元。

10,000（持有股數）x 500（現金股利）＝ 5,000,000 韓元

第二種是「股票股利」，從字面上可以看出，公司發放的不是現金，而是股票。舉例來說，某家企業若決定要針對每股發放 0.05 股（5％）的股票股利，持有 100 股就可以拿到 5％ 的股票股利，也就是 5 股。按照上面的例子，持有 1 萬股的投資人，就可以拿到 500 股的股票股利。*

10,000（持有股數）x 0.05 ＝ 500 股

有錢人必備的股票投資常識 ❷

配息造就了股市嗎？

整理配股資料時，有一個絕對不能遺漏的故事。在全球金融史上，

---

* 編註：臺股之股票股利計算方式與韓國不同，是以金額計算而非百分比。計算方式為「股票股利金額 × 持有股數 ÷ 股票面額（10 元）＝配發股數」。假設 A 公司之股票股利金額為 0.5 元，投資人持有 1000 股，其配發股數 = 0.5×1000÷10 = 50 股。

最早向股東發放股息的公司，是哪一家呢？答案是荷蘭東印度公司（Vereenigde Oost-Indische Compagnie，VOC）。據說，荷蘭東印度公司是第一個定期回饋股息給股東的公司。從 1602 年至 1800 年，近 200 年的時間裡，荷蘭東印度公司發放了自家公司股價 18％的股息給股東。以現代視角來看，真的令人瞠目結舌。

荷蘭東印度公司被視為史上第一家股份公司，當時它與英國東印度公司是競爭對手，雙方都想從投資人身上籌措鉅款，開拓屬於自己的貿易航線。只要投資人向公司提供資金，就可以拿到權狀，作為股東身分的憑證；每個投資人都會依照投資比例，獲得利潤，這就是最原始的配息。當年投資人拿到的權狀，就相當於現代的股權證明。而投資人為了獲得股息，交易股權的需求隨之增加，人們開始需要一個正式且透明的市場來處理這些需求。最終在荷蘭的阿姆斯特丹，全球第一個證券市場應運而生。

| 東印度公司位於阿姆斯特丹的造船廠 |

荷蘭東印度公司後來成立了「阿姆斯特丹證券交易所」。全球第一個有價證券交易的正規交易市場就此誕生。

下方資料是韓國上市公司的每股配息排行榜（以 2023 年 9 月為基準）。此處有個地方必須留意。我們雖然可以從圖表上，看到一家公司的每股股息是多少，但絕不能被每股配息的多寡所迷惑。我們必須知道，這只是「每股」的股息，**我們必須先知道該公司的現價，再加以計算出殖利率的高低。**

| 韓國上市公司每股配息排行榜（以 2023 年 9 月為基準） |

股票名稱	收盤價	漲跌幅	EPS	PER	每股股息
高麗亞鉛	557,000	▲ 15,000	42,967	12.96	20,000
韓國殼牌	234,000	▼ 500	20,555	11.38	18,000
曉星高新材料	450,500	▲ 2,000	28,053	16.06	15,000
三星火災特	190,300	▲ 3,200	-	-	13,805
三星火災	267,500	▲ 6,000	30,113	8.88	13,800
浦項控股	584,000	▲ 31,000	41,456	14.09	12,000
LG 化學特	320,000	▲ 6,500	-	-	10,050
LG 化學	573,000	▲ 20,000	23,670	24.21	10,000
永豐	546,000	▼ 3,000	213,453	2.56	10,000
曉星天禧	374,000	▲ 3,500	2,686	139.24	10,000
不倒翁	372,000	▲ 2,500	80,501	4.62	9,000
KCC	247,500	▲ 1,000	4,564	54.23	8,000
現代汽車 2 特 B	106,600	▲ 500	-	-	7,100

現代汽車 3 特 B	103,900	▲ 1,300	-	-	7,050
現代汽車特	105,100	▲ 700	-	-	7,050
現代汽車	192,200	▲ 1,500	28,521	6.74	7,000
恩希軟體	252,500	▲ 2,000	21,456	11.77	6,680
SK Gas	132,600	▲ 3,500	28,644	4.63	6,500
Choheung	187,800	▲ 4,000	18,552	10.12	6,500
SeAH Steel	143,000	▲ 3,600	56,899	2.51	6,000

出處：KRX 資訊數據系統
http://data.krx.co.kr/contents/MDC/MDI/mdiLoader/index. cmd?menuId=MDC0201020502

　　就如同上述每股配息的資料所示，高麗亞鉛（010130）的每股配
息是 20,000 韓元，韓國殼牌（002960）的每股配息是 18,000 韓元。但
若是計算股息對比股票現價的報酬率，情況就不同了，高麗亞鉛的殖
利率是 3.59％、韓國殼牌是 7.69％，韓國殼牌的殖利率高出幾近兩倍。
藉此我們可以得知，比起每股配息，我們更應該關注殖利率，因為它
更具備意義。殖利率是把所有股息除以公司流通股數後所得到的數值，
下表是韓國股市殖利率的排行榜（以 2023 年 9 月為基準）。

| 韓國股市之殖利率排行榜（以 2023 年 9 月為基準）|

股票名稱	收盤價	漲跌幅		PER	每股股息	殖利率
樂扣樂扣	5,900	▼	20	-	1,953	33.10
Ilsung Pharmaceutical	21,900	▲	250	1.55	4,005	18.29
S-Oil 特	53,600	▲	1,000	-	5,525	10.31
LX International	29,850	▲	850	2.08	3,000	10.05
BioNote	5,100	▼	20	1.56	490	9.61

錦湖實業	5,300	▲ 160	9.03	500	9.43
大信證券特	13,450	▼ 30	-	1,250	9.29
大信證券 2 特 B	12,970	▲ 100	-	1,200	9.25
友利金融控股	12,590	▲ 320	3.00	1,130	8.98
Dong Ah Tire	11,280	0	6.46	1,000	8.87
GS 建設	14,840	▲ 210	3.71	1,300	8.76

出處：KRX 資訊數據系統
http://data.krx.co.kr/contents/MDC/MDI/mdiLoader/index.cmd?menuId=MDC0201020502

Ilsung Pharmaceutical（003120）當時個股價是 21,900 韓元，相較於每股股息 4,005 韓元，殖利率是 18.29％。我寫稿的當天，殖利率排行榜上的順序是 Leadcorp（012700）13.49％、韓國資產投資證券（190650）11.63％、S-Oil 特（010955）11.09％。希望大家要記得，在市場股價大幅變動的狀況下，殖利率也可能發生大幅度的變動。

現在是靠資訊賺錢的時代，了解多少就能賺多少。很多機構都有公開上傳配息相關的資訊＊，對配息有興趣的人，可以到這些提供資訊的機構入口網站†，搜尋相關資料。投資配息股之前，希望各位可以先了解有配息的上市公司，以及相關的配息與殖利率排行。

身為投資人，還有一項必須知道的事。如果各位對配息股感興趣，一定要先確認投資標的屬於股票、房地產信託投資基金，或是封閉型基金。還必須去了解，配息是一次性的結果，還是公司持續成長所帶

＊ 所有人都可到「KRX 資訊數據系統（http://data.krx.co.kr）」、「韓國預托結算院證券資訊網（https://seibro.or.kr）」、「Paxnet（http://www.paxnet.co.kr/stock/dividends/ dividendsList）」上確認配息相關資訊。

† 編註：臺灣讀者可至 Goodinfo! 臺灣股市資訊網（https://goodinfo.tw），點選「熱門排行」之「股利排行」，查詢相關資訊。財報狗、玩股網等投資資訊網站，亦有提供相關資料整理。

來的結果，不會有人平白無故來告知我們這些資訊，我們必須自行學會如何分辨。配息的來源是公司的業績表現，我想告訴各位的是——公司的價值與成長，會決定配息的多寡。

3. 配息基準日

搞不清楚「配息基準日」的人好像比想像中多，看來還是得稍微解釋一下。其實配息基準日不難也不複雜，比我們想像中簡單。舉例來說，A 公司只會發放股息給自家股東，如果某位投資人想要買 A 公司的股票拿股息，當然就必須得持有 A 公司的股票。但是從什麼時候開始持有 A 公司的股票，會決定我們能不能拿到股息，這個基準點就是所謂的「配息基準日」。

「配息基準日」簡單來說，就是可以領取股利的最後持有日。但每一家公司發放配息的配息基準日都不一樣，所以投資者必須在公司規定好的配息基準日前持有股票，才能夠領取股息。當然，公司只會發放股息給截至基準日前都持續持有、沒有將股票賣出的投資人。*

韓國大部分上市公司採用的是「定期配息」，我們先來了解這部分吧。假設，各位投資了一家叫做「富人資產」的公司，這家公司是

---

* 編註：臺股規範與韓國股市不同，影響投資人是否能領取股利的日期基準，主要是「除權（息）交易日」（或簡稱除權息日），以各企業公告為準。在這天之前持有股票，方可獲配股利。欲查詢臺股除權息公告資料，可至「公開資訊觀測站」（https://mops.twse.com.tw），於上方搜尋列輸入「公司代號」查詢，在公司資料頁面下拉至「最近期股利分配」，即可見相關資訊。如欲查詢除權除息預告表，可至臺灣證券交易所官網查詢「除權除息預告表」（https://www.twse.com.tw/zh/announcement/ex-right/twt48u.html），即可查看近期即將除權息之個股或 ETF。

採取年底結算制（01.01 ～ 12.31）的法人，那麼 12 月 30 日（12 月 31 日韓國交易市場休市）的時候，各位投資人的名字，就會被記在「富人資產」的股東名單上。想要登上股東名單的投資人，需在「前兩個營業日」持有該公司的股票。「富人資產」會對 12 月 28 日時仍持有自家公司的股東，發放配息。在這個例子裡，「富人資產」的投資人必須持有這家公司的股票到 12 月 28 日，才可以領取股息。正如前述，韓國大多數上市公司都是在 12 月結算。

總結來說，對於採用年底結算制的法人來說，投資人可以登上股東名單的最後配息基準日就是 12 月 28 日（日期當然會隨著國定假日的不同而改變，舉例來說，2022 年之際，年底結算制法人的配息基準日是 12 月 27 日）。

配息基準日的隔一天，也就是案例中的 12 月 29 日，就是所謂的「除權息日」。除權息，是除去領取股息之權利的意思。**除權息日發放完股息後，股價往往都會出現走跌的情形。**

傳統上，配息制度是把公司努力工作所獲得的利潤，分享給投資人，這個制度有助於活絡資本主義市場。但在市場上，配息不一定會按照最理想的方式被執行或使用。可惜的是，配息也往往被當成是一種短期獲利的消息（我說的當然是部分的投資人）。配息基準日與除權息日前後的這段時間，我們往往可以看到投資人之間，為了獲利而彼此角力。每每看到這種情況，我都感到有些遺憾。

接下來，我們一起來看看什麼是「半年配」與「季配息」。半年配是指一個營業年度中，執行兩次配息的意思。季配息是一個年度中，每季進行一次配息（也就是一年四次）。順帶一提，在韓國，像三星

電子、浦項等採用季配息的公司，不會額外設置除權息日 *。不過沒有設定除權息日，也不代表配息基準日的隔一天，股價就不會下跌。除此之外，韓國近期以金融股為主，越來越多公司從年配息開始改成半年配或季配息。這是因為投資人強烈要求，除了年底定期的配息以外，法人應該追加發放股息。隨著時間的推移，股東要求增加配息的趨勢也越來越強烈。

4. 配息股投資策略

　　投資配息股時，我們也必須謹記這當中的風險。假如投資人引頸期盼著年底的配息，選擇進場，但市場的狀態和氛圍對投資人不利，貿然進場反而可能會因股價崩跌而導致虧損。這種情況經常發生。隨著配息基準日越來越近，投資人肯定必須思考是該賣出股票，還是繼續持有。某些情況下，持有股票、領取股利可能相對有利，但反過來說，若市場氛圍不佳，預期股價會大幅下跌，持有股票所帶來的虧損，可能大過於殖利率。**所以說，期待從股息獲利之前，要記得「股價跌幅造成的虧損可能大於股息所帶來的獲利」。投資配息股時，這是最重要的判斷工作。**

　　三星電子在 2021 年底的股價走勢，就是很好的例子。2021 年 12 月 28 日，年終配息時，三星電子收盤價是 80,200 韓元。12 月 29 日除

---

* 譯註：臺灣大多數採用季配息的法人依然會設定除權息日，不設置除權息日的情況在臺灣不常見。

權息後，開盤價是 80,100 韓元。但是從 2022 年 1 月開始，三星電子的股價就跌跌不休。一直到 2022 下半年，三星電子的股價已經從當初的 8 萬韓元出頭，大幅跌至 52,000 韓元。這段時間，三星電子的股價都沒有再站回 2021 年配息時的 8 萬元。截至 2023 年 8 月，三星電子的股價依然在 6 萬後段～ 7 萬韓元之間徘徊。

股價虧損、跌幅大於殖利率的例子，可是多到說不完。讓我們來看一下起亞汽車（000270）的股價走勢吧？ 2022 年，起亞在配息基準日的收盤價是 65,000 韓元，但是包含除權息當天，僅僅三天時間，起亞的股價就跌到 60,000 韓元，跌幅將近 10%。就連配息較高，在配息相關類股排行上總是名列前茅的金融股也不例外。下方 2022 年底金融股配息基準日與除權息日股價的比較表上，就體現出這個狀況。

| 金融股配息基準日與除權息日收盤價比較表 |

股票名稱	配息基準日 （2022 年 12 月 27 日） 收盤價	除權息日 （2022 年 12 月 28 日） 收盤價
KB 金融	51,500 韓元	49,450 韓元（下跌 2,050 韓元）
韓國金融控股（特）	48,300 韓元	44,350 韓元（下跌 3950 韓元）

每當我看到除權息前後，股價大幅崩跌的情況，都會很感嘆。配息本是公司把獲利分享給股東、對公司和投資者都有益處的健康制度，而今卻淪為炒短線的素材，或投資人之間的權力遊戲。身為一位投資人，我衷心希望健康的投資氛圍可以越發擴散，讓配息制度可以回到它本來的目的和宗旨上。

正如前述，很多人都有過為賺取股息收益而飛蛾撲火、最後遭受嚴重損失的狀況。**所以我們必須更加注意。不要單純為了領股息而投資，而是要預測除息後股價的走勢，持續關注市場狀態，再決定要不要投資配息股。**當然，若市場狀況或趨勢有利，就應該積極投資。

本身資金豐厚、或是退休後手邊資金相對寬裕的投資人，可以積極關注配息股。「從容」就是這類投資人的資產。他們可以抱持游刃有餘的心態，領取股息的同時，就算股價因除權息崩跌，投資心態也不會輕易動搖。當然，基本上，投資人自己要相信股價會戰勝載浮載沉的情況，再度搭上趨勢，重新上漲。只要有這方面的信任，投資配息股是一石二鳥的有效投資方式。不過對於想短期獲利，或是資金不足的投資人來說，投資之前就必須先仔細了解「投資配息股可能會造成的獲利與損失」。

除了韓國股市以外，我也投資美股。美股和韓股不同，投資人可以事先得知配息金額的多寡。事實上，股價不可能永遠只漲不跌，股價當然也有處於下跌的時期，這種時候，股息的魅力就會消失殆盡。最理想的情況是，公司獲利，股東領取股息，市場狀態很正向，股價也接連上漲，這種情況下，我們就能享受到一箭雙鵰的成果。

既然提到了美股，就順帶一提，美股裡配息較高的企業有 3M、P&G、可口可樂、嬌生、道爾（特殊設備製造業者）、艾默生電氣（電子產品製造業者）、純正零件（汽車零件商）、高露潔棕欖（牙膏公司）……等。這些公司 60 年來，年年提高股息回饋給股東，並以此聞名。其中我們最熟悉的公司可口可樂，每年發放 1.84 美元（殖利率 3.07％）給股東，比美國其他 S&P 500 公司平均 1.65％的殖利率，

高出將近兩倍。

　　不過，股票市場並不會只對投資人有利。有的時候，景氣衰退會帶來恐懼，全球著名的公司也可能在一夕之間沒落，對整個市場帶來負面效應。最近一次的例子，就是 2023 年 3 月的矽谷銀行（SVB）倒閉事件。* 在市場出現利空，前景暗淡無光之時，選擇相對可以帶來穩定收益的股息，也是不錯的投資方式。投資人靈活的判斷與執行，會成為最聰明的獲利策略。

5. 巴菲特認為配息是好是壞？

　　我想所有作者都一樣吧，寫書稿的時候，因為擔心寫錯，所以會不斷到處翻閱和參考其他資料。我在寫書的過程中，看了一個參考影片，從中得知了巴菲特對配息的想法，我想跟大家分享這段故事。奧馬哈的智者巴菲特，對於配息有什麼看法？真的像世人所說，他討厭投資配息股，而且吝於發放股息嗎？

　　以 2020 年為基準，巴菲特持有的資產約為 682 億美元（大約 90 兆韓元、2 兆新臺幣），套一句 MZ 世代愛說的話，巴菲特就是「圈

---

* 2023 年 3 月 SVB（Silicone Valley Bank，成立於 1983 年，是美國專門進行風險投資和技術新創的銀行）傳出倒閉的消息，引起了美國與全球金融市場的動盪。不過這次的事件，預估不會像 2008 年引爆金融危機的雷曼兄弟事件一樣，蔓延至全球金融市場，真是不幸中的大幸。SVB 曾經擠進美國前 16 大銀行，美國政府為了阻止 SVB 的破產所帶來的影響，祭出多項措施。包括為防止擠兌（大量提款）發生，實施存款保護措施，還針對銀行提出定期融資計畫（BTFP），額外供應流動性。矽谷被稱為是美國先進產業的搖籃，SVB 在矽谷具有極大影響力，SVB 的破產會為美國風險投資公司與新創公司帶來困境，同時在宏觀方面，也增加了美國的經濟衰退擔憂，甚至對聯準會的貨幣政策帶來影響。

內人」裡的「圈內人」。巴菲特的一句話，經常成為大型經濟日報的頭版新聞。巴菲特是波克夏・海瑟威的最大股東，然而波克夏・海瑟威卻是出了名「不配息」的公司。實際上波克夏・海瑟威也真的完全沒有回饋股息給股東，所以人們認為，巴菲特是不是真的非常討厭配息，也不喜歡投資配息股。事實真的是這樣嗎？

總歸來說，巴菲特對股息的看法和一般人不同。2008 年波克夏・海瑟威的股東大會上，發生了一則著名的軼事，經由這件事，我們可以看出巴菲特對配息的看法。當年的股東大會上，一名 12 歲的孩子向巴菲特提出了問題。

「您的老師班傑明・葛拉漢說他相信配息，為什麼您不相信呢？」

小小股東很好奇，收購了波克夏・海瑟威的巴菲特，為什麼至今只發放過一次股息，而且還只有每股 10 美分。關於這個問題，巴菲特的回覆是什麼呢？巴菲特說：「配息很重要，我相信配息。」公司如果有獲利，而且沒有自信能夠創造出新的價值，向股東配息就是正確的決定；但如果創造新價值需要資金，不發放配息，把這筆錢拿來投資才是對的選擇。總而言之，他認為決定配息與否在於——公司能否創造出還不存在於這世上的新價值。

這裡還有一個值得深思的問題。波克夏・海瑟威沒有發放股息，而是把這筆錢拿來再投資，創造出更多的獲利機會，股價也從而上漲。特別是它的股價，每年漲幅驚人。股價上漲，為波克夏・海瑟威的投資人，帶來了股息收益完全無法比擬的獲利。巴菲特過去曾以 13 億收購可口可樂股票，領到了豐厚股息；股息是股票投資時的另一種快樂，巴菲特對股息深信不疑。他說：

「不管是哪家公司，如果沒有能力或計畫可以有效運用公司的盈餘，那配息就是正確的選擇。不過，假如某公司賺了1美元，再把這1美元投資進去，可以創造出 1.1～1.2 美元的獲利，那就不應配息，而是該再投資。反過來說，如果公司再投資時，感覺沒辦法創造出高於1美元的價值，那就應該忍著不投資，從而發放配息。」

人們認為配息是附加的收入，許多投資人都這麼認為。但巴菲特的想法不一樣，他相信，配息與否，取決於公司是否能確實創造出價值。長年不配息的波克夏‧海瑟威，它的理論是──

「我們有效地進行資產配置，用1美元創造出高於1美元的價值，股價也因此大幅上漲，回饋給股東更高額的獲利。」

也就是說，假如波克夏‧海瑟威的股東需要用錢，就可以賣掉手上的持股，實現獲利。話說回來，1965 年被巴菲特收購的波克夏‧海瑟威，58 年來的累積報酬率（1965～2020 年）是多少呢？總共是3,790,000％，結果十分驚人。除下來，年均報酬率是 19.8％，是同時期 S&P 500 指數的 153 倍左右。順帶一提，2023 年 9 月中旬，波克夏‧海瑟威 Class A 的股價竟然高達 56 萬美元！

奧馬哈的智者說，我們不應該無腦投資高股息公司，而是要考慮資本重新配置的效率。也就是說，基於判斷，認為「配息比再投資合理，從而發放股息」的公司，才是真正的配息股。反之，企圖創造新價值而選擇再投資的公司，就算沒有發放股息，也不代表它就是貪婪。我們必須靜靜守候結果，相信新的機會與價值會帶來成長，這份成績

將以股價上漲的形式被分配給投資人。

　　沒有盈餘卻發放股息，也是一種問題；可以創造收益卻硬是發放股息，無法決定是否再投資，也是個大問題。巴菲特對配息的看法，帶給我很大的啟發，讓我重新檢視了，我過去認為「股息是額外收益」的觀念。

| 波克夏 · 海瑟威 Class A 股價 |

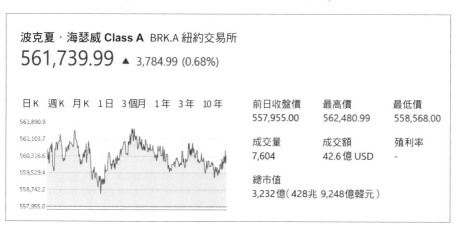

波克夏 · 海瑟威 **Class A** BRK.A 紐約交易所
561,739.99 ▲ 3,784.99 (0.68%)

日 K　週 K　月 K　1 日　3 個月　1 年　3 年　10 年

前日收盤價	最高價	最低價
557,955.00	562,480.99	558,568.00
成交量	成交額	殖利率
7,604	42.6 億 USD	-
總市值		
3,232 億（428 兆 9,248 億韓元）		

561,890.9
561,103.7
560,316.6
559,529.4
558,742.2
557,955.0

CHAPTER 2

行情利差

承如先前所述，我的方向和目標，是想寫一本側重於「低買高賣交易法」的書。所以我想盡量減少複雜的圖表和理論，把重點擺在多數人感興趣的交易手法上。即便如此，還是不能輕忽股票投資的基礎知識，不管做什麼事，基礎占成功的一半。

　　「行情利差」四個字，應該無人不知。除了股票以外，不動產、債券也都會使用「行情利差」這個說法。行情利差是怎麼產生的？利差（不論股票、不動產或債券）顧名思義就是買進時和賣出時的差距，只要買賣有獲利，就會產生「行情利差」。把範圍限縮在股票上，簡單來說就是：

　　「**賣出時的價格，高於買進時的價格，就會產生行情利差**。」

SELL

1. 行情利差的定義與理解

　　如前所述，透過股票投資獲利的方式有二，其中之一就是「行情利差」。利差才是當今所有投資人投資股票的最大目的。

　　假設各位以 1 萬韓元的價位買進某檔股票，在它漲到 15,000 韓元時賣出，就會產生每股 5,000 韓元的利差。這說起來很簡單，讓人充滿勇氣，好像人人都可以從中獲利一般。不過，想透過股票投資賺利差，絕不像空口說白話一樣簡單。想透過股票賺取利差的投資人裡，究竟有多少人嘗過香甜可口的利差呢？我不知道答案，但可以肯定絕對比想像中少。特別是沒做好充足準備，也沒有學習與鑽研，只聽信他人說詞就跑來買股票的投資人，必然會以失敗收場。

　　我看過很多人為了賺利差而投資股票，結果虧本，最終選擇離開市場，當中甚至有人在離開市場時發誓「再也不看股票一眼」！還有些人因虧損而感到疲憊，等到股價終於接近買進成本，就急急忙忙地賣出了。這類型的投資人，比起只虧不賺的人當然好一些，但本金被長時間套牢（本金和時間槓桿都做了白工），說到底也還是承受了各種損失。

　　這世上所有商品都有一個價格，每個商品普遍都有定價，每個人都可以用固定的價格買賣商品。但股價的特性，跟日常生活中一般商品的定價不同。股票沒有固定的價格，股價會因內部或外部狀況而不斷變動（波動性）。波動就是股價的特性。股價會以今天的收盤價作為基準點，隔天又形成新的價格。世界上沒有人能準確知道，今天的股價會比昨天高還是低。假如股價跟一般商品一樣，有一個固定的價

格，那就無法被拿來投資。股價之買進成本與賣出價格間的差距（行情利差）會決定我們的投資收益，這也是它的魅力所在。

期待從股票投資套利的投資人，跟買賣一般商品的商人，兩者其實有著類似的想法。商業的真理是，買進物美價廉的商品，再把它高價轉售給其他商人或客戶，從中賺取利潤。不論是銷售一般商品的商人，還是股票投資人都一樣，永遠都在思考什麼時候該賣出。但一般商品和股票之間卻有著極大差異，一般商品都有定價，股價卻沒有固定價格，股價是由交易當下買賣雙方合意形成，比起用主動的「合議」來形容，用被動的「合意」會更貼合這個情況。所以說，股票的價格會在買方與賣方合意的瞬間形成。買賣雙方經過合意以決定價格的時間其實非常短，連一分鐘都算長了。

如果想利用股票投資賺取利差（除了股價下跌時才能獲利的賣空和賣權以外），那麼股價的漲幅就必須高於投資人的買進成本。

有錢人必備的股票投資常識❸

賣空、空頭期貨、賣權的獲利結構

● 賣空：說白話就是「賣掉沒有的東西」，是預期股價走跌時，賺取行情利差的投資方式。只要把它跟一般股票交易反過來想就行了，讓我們透過案例來了解吧。

A 股票的現價是 5 萬韓元	幾天後 A 股票的股價是 4 萬韓元
借來 10 股 A 股票	買進 10 股 A 股票
以現價 5 萬韓元賣出	償還借來的股票
執行 50 萬韓元賣空（持有現金）	償還 40 萬韓元（10 股）

✓ 透過股價下跌，取得 10 萬韓元的行情利差。

① 預期 A 股票會走跌，提前借券，以現價賣出。
② 等 A 股票的股價下跌，買進股票、償還借券，從中創造收益。

　　所謂賣空，是在市場狀態不佳，或是個股出現利空、預期股價將會走跌時所採用的交易策略。賣空大致上可以分為兩種方式——「裸賣空」（Naked short selling）與「融券賣空」（Covered short selling）。裸賣空是不持有股票的情況下，先行賣出股票，在下一個結算日來臨前，再從市場上買進股票，把股票還給出借人。融券賣空或稱擔保賣空，是向自己的證券公司或韓國預託結算院借券賣出股票。

　　有些人認為，市場震盪的時候，賣空會助長混亂。特別是在韓國限制散戶參與賣空的情況下，賣空由機構和外資主導，可能會加劇散戶的損失，需要進行制度上的改善。即便如此，我們不能忽視賣空的正面功能。在市場穩定的狀態下，賣空能幫忙抑制股價大幅上漲，避免產生泡沫化的情況。我們不能單純只以「好或壞」來評價它。政府必須制定出公正的程序、完善有缺失的制度，使賣空可以發揮作用，讓股市在健康的狀態下成長。

關於空頭期貨和賣權，我只簡單了整理一下重點。實際上，這兩種交易方式和賣空不同，一般投資人就算不理解也沒有太大關係。

- 空頭期貨：期貨交易的意思是，現在先約定好未來的某一段時期，以事先決定好的價格進行買賣的交易。用一句話來說就是，交易未來的價值。空頭期貨是股價崩跌時的一種獲利方式，由於槓桿幅度大，必須要能妥善應對損益的波動。短期內風險過高，是空頭期貨的缺點。

- 賣權（Put option）：是一種衍生商品，契約者有權利針對特定資產（比如股票等），在未來的某個特定時間點（或是在這個時間點以前），以事先決定好的價格賣出該資產。賣權和空頭期貨一樣，買進後若股價大跌，就可以從中獲利，但槓桿也同樣較大，必須妥善應對損益的波動。

當我們想買進某檔股票，若股價太高，就很難實現利差。儘管我們期待從中獲利，但虧損的可能性反而更高。所以，盡可能在股價便宜時買進，非常重要。要如何衡量想買的股票，現在究竟是貴還是便宜呢？這跟進場時機有很大關聯。判斷什麼時候是合適的進場時機，對股票投資而言，真的非常、非常重要。投資人有許多種標準和因素，可以判斷一檔股票的股價合不合理。當然，每個投資人判斷標準都不同，參考的資料和加權值也不一樣。首先，我想先說，每個人參考的

資料都不一樣，但包含我在內的諸多投資人，最常用來評估股價的指標一共有三種。這個標準大家也許都很熟悉，並不特別。

判斷股價的三大標準

① 整體市場分析（大盤指數如 KOSPI〔韓國綜合股價指數〕、
KOSDAQ〔科斯達克〕……等）
② 基本面分析（個股財報分析……等）
③ 技術面分析（個股圖表分析……等）

觀察股價合不合理，是為了低價買進。嚴格來說，我們必須分析資料，以把握最佳進場時機。有關上述三個要點，我會在 PART 2 中進一步講解。除此之外，為了幫助各位賺利差，我會一併分享我的實戰投資經驗和祕訣（我知道很多人都很想了解這一部分）。

最後，如果硬是把行情利差一分為二，可以分小額利差與大額利差，讓我們來逐一了解一下。

2. 小額行情利差

「薄利多銷」是很經典的銷售策略，大家應該都聽說過，這個策略的宗旨在於，就算利潤變少，也要先多賣一點。股票市場上有千千萬萬種投資方式，其中一種和薄利多銷很相似。這個方法專注在小額獲利，而非大額收益。最具代表性的，是利用程式系統，以秒為單位

進行的交易（也被稱為「剝頭皮」）。系統交易（System Trading，或稱程式交易 Program Trading）是在小額利差中買賣股票，也就是股票投資裡，利用小額行情利差獲利的薄利多銷策略。

　　事實上比起韓國，在美國運用這種方式的投資人就多得多，聽說他們利用系統賺取小額利差的做法非常盛行。但是，我們需要考慮到一個問題，過於頻繁的交易，每次都會產生稅金與手續費等高額費用。不管什麼投資，都必須考慮費用問題，因為稍有差池，就很可能本末倒置。也就是說，採用這種策略，支付的手續費可能高於小額利差所帶來的獲利。以秒為單位的交易頻率，對一般投資人而言也不是太可行的的交易方式。每天數十次的剝頭皮和波段交易（多數全職投資人還是採後者），只是其中一種賺取小額利差的短期投資法。但反過來說，也不是所有人都能透過中長期投資賺取大額利差。這就是股票投資的難處。持有一檔股票超過一年，股價卻低於買入價 50% 以上的情況也屢見不鮮。投資人雖然期盼獲利，但情況發生變化、陷入非預期的中長期投資，也是十分困擾。我們很難判斷現在手邊的持股，究竟該賣還是該等。

　　假如各位買進的股票，現正處於虧損狀態，且感覺還會進一步虧損，那該怎麼做比較好呢？雖然現在虧損，但在整個帳戶被虧光之前，最好果斷賣出。其實正確答案早就寫在問題上，如果現在虧損的股票，接下來預期會產生更多虧損，那就不要依依不捨，勇敢賣掉吧。我們沒有理由拖著，讓虧損越滾越大。雖然心痛，但從大方向來說，停損也是一種投資行為。當然，停損不如說的這般簡單。我們很難接受自己的投資以虧損收場的事實，不論是誰，越是陷在這種思維，就越難

做出抉擇。但停損對股票投資來說，真的非常重要。本書後半段，我會再更詳細地探討停損。* 我們要記得一件事，就算停損讓我們痛心疾首，市場也永遠會再給我們其他機會，市場永遠都等待著投資人。

　　觀察股票行情頁面上漲幅最高的股票，我們可以發現，不管市場情況是好是壞，永遠都有股票可以立下大紅 K 線、大幅上漲。從某方面來說，這種股票都是機會。明知道會越虧越多，卻死守不賣，默默等待，這不是一種正確的投資方式。即便得要實現虧損，也要先保留現金，重新尋找機會，創造收益。要先有錢，才能把握下一次良機。所以曾有獲利經驗的投資人，共同強調的重點都是——保留現金。如果你曾經經歷過，眼前有絕佳的機會，卻因手邊沒有現金而無法進行，你就會了解保留現金有多重要。

　　世界級投資顧問查爾斯‧艾利斯（Charles Ellis）說，投資人最該避免的情況就是「現金不足」。他把現金不足比喻成「在沙漠中開著一輛燃油耗盡的車」，強調「投資人應該避免真正需要投資股票時手邊卻沒錢的狀況發生」。我非常同意這一席話。在經濟不好或不景氣，市場對投資人不利的時候，至少要在投資組合裡保留適量的現金。我希望各位可以把這一點銘記在心。

　　我參加過韓國培育證券、三星證券、未來資產證券的實戰投資大會，並數次獲獎。儘管如此，我至今依然覺得投資股票很困難。也經常有狀態不佳的時期，期間甚至連 100 萬韓元（約 2.3 萬新臺幣）的獲利都很難到手。這種時候，就算是小額利差，只要能賺到錢，就是

---

* 請參考 PART 6〈不要猶豫或害怕「停損」〉的內容。

天大的喜事了。就算是小額利差，只要反覆獲利幾次，不知為何，也能為心裡帶來穩定感。積沙成塔，透過實戰經驗，慢慢累積實力，逐漸實現大額獲利。賺大錢是所有投資人心之所向，大獲成功的投資人，也是這樣一點一滴開始起步。希望各位務必記得，反覆經歷小額獲利，積累經驗，才能成為成功的投資人。我自己也是走過這個歷程的投資人之一。

3. 大額行情利差

聽到周遭有人賺了大錢，總令我們豔羨關注。那些任誰都無法複製的特殊經驗和成功的故事，讓人好奇又羨慕。而賺大錢的人呢，也肯定會引起大家的注意。如果能靠股票賺大錢，該有多好？包含我在內，以及本書所有讀者的夢想，都是「成為有錢人」。對某些人來說，這也許就只是夢想，可有些人卻能加以實踐。賺到大額利差是件幸福的事，還有什麼事比這個更令人雀躍的呢……。

開盤的這段時間裡，所有參與市場的人，都夢想透過股票賺取大額利差，我也從未忘記這份希望。所有人都在為了賺取大額利差孤軍奮戰。聽著 YouTube 上的股票投資講座，把投資建議筆記下來，還去買書店的暢銷書，認真劃重點，反覆閱讀。大額行情利差，是所有投資人的夢想與希望，我們為之全力以赴。除了股票之外，當然還有其他賺大錢的方法。像是聽到樂透和賭場，我們很快就會想到「一夜致富」四個字，不過也許是因為沒有付出努力，只靠運氣賺大錢，讓這

四個字聽起來帶有貶義。

韓國每年年底，都會公布這一年來股票市場上漲幅最高和跌幅最大的股票。就算市場狀況不佳，KOSPI 指數走跌，大部分投資人都在虧損，也一定有股票逆勢大漲。股票市場上，1～2 個月內短期上漲100～300％的股票很多，中長期 1～2 年內上漲 300～500％的股票也不少。雖然每個投資人的標準不一樣，**但我對行情噴發的定義，是短期 1～2 個月內上漲 200～300％、中長期 1～2 年內上漲 300～500％的股票。**

想賺到所有投資人引頸期盼的大額利差，該從哪裡開始下手？以我的經驗來說，建議從觀察數據開始，這是取得大額利差的準備作業之一。不管你有多要緊的事，這點都不能怠惰，必須堅持不懈地觀察市場。我們可以從「韓國交易所資訊數據系統」上找到漲幅排行榜。*

① 進入韓國交易所資訊數據網首頁（data.krx.co.kr），點選選單列上的「輕鬆看統計」→「排行統計」。
② 選擇你想查詢的期間，就可以看到這段時期漲幅（或跌幅）的個股排行（如果把期間設定為一星期，就會顯示當週個股漲幅排行；如果把期間設定為一個月，就會顯示當月的個股漲幅排行。）

例如右頁的圖表，把時間設定在 2023 年 1 月 2 日到 2023 年 9 月

---

* 編註：臺股之漲幅排行，可至 Goodinfo! 台灣股市資訊網（https://goodinfo.tw/）查詢。點選「熱門排行」任一項目，選擇「交易狀況」→「累計上漲幅度」，透過下拉選項即可設定時間範圍。

15 日，網頁就會顯示個股漲跌幅排行。查詢結果指出，JLK（322510〔909.52％〕）、浦項 DX（022100〔789.60％〕）、Ecopro（086520〔764.08％〕）……等，是 2023 年以來漲幅最高的股票。不要小看觀察高漲幅股這件事。這舉動雖然看起來沒什麼大不了，但這份努力卻能帶領投資人成為富翁。我們必須持續觀察這份數據。我會確認自己有沒有買進漲幅較高的股票、從中獲利了多少。投資股票的勝率當然不可能是 100％，來自匈牙利的投資大師安德烈·科斯托蘭尼（André Kostolany）曾有名言：「即使失敗經驗占 49％，但只要 51％ 的勝率，股票投資就足以獲利。」也就是說，投資成功的機率必須大於失敗的機率，就算失敗了，也可以用更大的成功來彌補過去的失敗。

｜ 2023 年 1 ～ 9 月，韓國個股漲幅排行榜｜

排行	股票	市場	起始日基準價	結束日收盤價	價差	漲跌幅	成交量		成交額	
							合計	日均	合計	日均
1	JLK	KOSDAQ	3,150	31,800	▲ 28,650	+909.52	105,591,848	596,564	2,303,407,791,960	13,013,603,344
2	浦項 DX	KOSDAQ GLOBAL	6,250	55,600	▲ 49,350	+789.60	1,834,142,843	10,362,389	41,173,518,776,960	232,618,750,152
3	Ecopro	KOSDAQ	103,000	890,000	▲ 787,000	+764.08	224,475,445	1,268,223	141,370,783,854,900	798,704,993,519
4	永豐造紙	KOSPI	5,291	45,000	▲ 39,709	+750.50	230,859,540	1,304,291	8,988,861,501,270	50,784,528,256
5	VUNO	KOSDAQ	6,240	51,900	▲ 45,660	+731.73	157,831,949	891,706	5,020,501,701,370	28,364,416,392
6	Lunit	KOSDAQ	29,800	223,500	▲ 193,700	+650.00	125,211,842	707,412	14,267,551,557,350	80,607,635,917
7	Shinsung Delta Tech	KOSDAQ	7,800	47,350	▲ 39,550	+507.05	413,970,770	2,338,818	13,726,968,735,520	77,553,495,681
8	STX	KOSPI	6,069	35,400	▲ 29,331	+483.29	619,397,275	3,499,420	8,807,542,369,005	48,065,211,124
9	TCC Steel	KOSPI	9,350	53,700	▲ 44,350	+474.33	191,562,955	969,282	5,772,571,515,665	32,613,398,394
10	Emro	KOSDAQ	13,150	71,500	▲ 58,350	+443.73	79,149,081	447,170	4,368,640,868,830	24,618,586,830
11	錦洋	KOSPI	23,900	129,300	▲ 105,400	+441.00	852,729,796	3,292,259	41,460,599,734,000	234,240,676,463
12	Rainbow Robotics	KOSDAQ	34,450	181,800	▲ 147,350	+427.72	305,388,676	1,725,360	32,274,504,530,550	182,341,833,506

出處：韓國交易所資訊數據系統
http://data.krx.co.kr/contents/MDC/MDI/mdiLoader/index.cmd?menuId=MDC0302

仔細觀察資料，留時間自我反省。如果沒有買到大漲的股票，就去找出自己沒買的原因；如果買進了，卻沒有創下高額獲利，操之過急把股票賣出，就去反省自己為什麼會做出這樣的交易判斷。保留時間做這件事，未來就能看見更多過去的自己看不見的機會，也會增加大額利差進帳的機率。

不要羞於失敗，也不要重蹈覆轍！

每個人都會失誤、也會失敗，股票投資也沒有所謂 100% 的勝率。大部分的投資人，失敗的經驗應該都比成功的多，特別是股票投資，人們往往不願改掉會導致自己投資失敗的錯誤習慣和慣例，而且也很難改掉，反覆用著會導致自己投資失敗的老套路來進行投資，大多數人都是這樣。雖然這句話聽起來已經老掉牙了，但「不重蹈覆轍」很重要。

隨著人生歷練的增長，我們會學習和感受到許多事物。不論人生還是投資，我們必須銘記、必須遵守的真理都非常簡單明瞭，不需要華麗的辭藻，也不需要字斟句酌的解釋。沒人躲得掉失誤和失敗，人們本就在錯誤和失敗中成長，但我們不能一再重蹈覆轍。倘若我們習慣了犯錯和失敗，就無法認知到自己正在犯錯和失敗。如果投資失誤變得很自然，我們會在不知不覺間，建立起重蹈覆轍的模式，反覆虧損，無法翻身。養成投資失誤和投資失利的習慣，帳戶上的錢就不斷減少，直到我們無法繼續投資股票。

我每週末、月底和年底，都會仔細觀察漲幅排行榜，花時間回顧和反省自己的投資成果。當市場上又出現類似的機會、類似的走勢，我會蓄勢待發，買進股票、大舉獲利。這就是為什麼我們不能怠惰於學習，自我反省會為我們帶來新的機會，失敗絕不是什麼羞於見人、必須躲躲藏藏的事。

　　有關股票市場上，大額利差（行情噴發）的選股、交易方法和加碼買進……等策略，後續章節會再詳細介紹。我想告訴各位的是，我個人對大額利差的標準是：1～2個月內上漲200～300％，中長期1～2年內上漲300～500％。講到這裡，這章節也就告一段落了。

PART 2

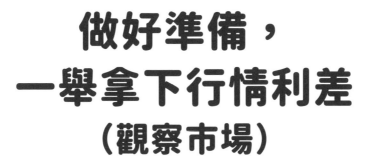

做好準備，
一舉拿下行情利差
（觀察市場）

Intro

想創造大額利差，
先打好基礎

　　想大舉獲利，觀察市場可說是基本中的基本。想掌握目前或近期的股市狀態、預測股價漲跌、把握進出場時機，前提都是先「觀察市場」。只有了解市場運作的情形，我們才能做出好的預測，也才能獲利。特別是「利率」，利率會對我們的日常生活帶來重大影響，是股票投資時必須參考的資料。

　　「絕對不要跟聯準會（FED）作對！」

　　這句箴言出自世界金融中心華爾街。投資人若想在凶險的市場上生存或獲利，就絕對不要跟聯準會的利率作對，順應市場的變化是常識之一。當然，利率上調和下調的時候，投資策略肯定會不一樣。投資人必須掌握全球市場運作的狀況，才能夠稍稍提高投資的勝率。

總體來說，眾所皆知的「基本面分析」和「技術面分析」也是一種市場觀察。我打算用「觀察個股」（基本面分析）和「觀察圖表」（技術面分析）來取代上述兩種說法。觀察個股和圖表是大多數人非常熟悉的內容，我原本猶豫要不要跳過不談，但俗話說得好：「就算是熟悉的路，也得先問清楚再走。」其實很多人對觀察個股和圖表的概念一知半解，也有不少人雖然懂，實際投資時卻往往沒能正確運用，或沒有參考這些資訊。為喚醒各位投資人的注意，我針對這部分做了簡單著墨。千萬不要忽略觀察個股和圖表，這麼說吧，我們在學的，是如何在混亂中尋找出正確解答。

　　PART 2 裡，我將針對「觀察市場」、「觀察個股」（基本面分析）與「觀察圖表」（技術面分析）做出整理與介紹。

CHAPTER 1

觀察市場狀態
（市場分析）

提到市場分析，不知為什麼就讓人感覺頭昏眼花，好像這是只有專家才會探討的專業領域。很多人帶有先入為主的印象，認為市場分析和一般投資人毫無關係。不去嘗試，僅因為困難就選擇逃避，這並非明智之舉。我們或許可以把市場分析，視為是一種輕鬆觀察股市的行為。

　　用一句話總結市場分析，那就是：**「投資前，判斷現在是進場時機還是出場時機的行為。」**

SELL

1. 爲什麼我們要了解市場的狀態

　　美國股市會在韓國時間凌晨 5 點（或 6 點）* 左右收盤。隨後韓國主流的財經日報與各大媒體，會忙著整理出美國股市的動向，再以新聞的方式播報出來。新聞會提到股價上漲或下跌的原因，整體的經濟狀態，肯定還會詳細講述幾項經濟指標的相關資訊，其中包含「利率、就業指數、物價指數、油價動向……等」經濟指標。過去，大家認為只有少數的財經專家會對經濟指標這種統計數據感興趣，對於隔山跨海的韓國普通小額投資人而言，經濟指標並不那麼重要。

　　但現在除了專家以外，一般民眾也非常關心美國所公布的經濟指標動態，因為美國的利率政策、聯準會主席的一句話，都會對全球經濟和股票市場，造成巨大影響。甚至連只在韓國上市（大多數投資人聽都沒聽過的公司）、總市值不高的股票，也會受到利率的直接影響。股價走勢當然也一樣。在美國市場發生漲跌的產業，當天在韓國股市也會出現一樣的情況。假設費城半導體指數暴漲，韓國股市的半導體產業就會跟著暴漲；特斯拉股價上漲，二次電池產業就會跟著上漲。韓國市場和美國市場從以前就一直都會發生同步現象（Coupling），大家應該都很熟悉了。

　　現在這個時代，每個人都幾乎可以即時知道地球另一邊發生的事情。不止是事件、事故，就連某個人公開的資訊，都可以迅速被分享和傳遞。在這種社會氛圍下，大部分投資人都擁有不亞於財經專家的

---

* 編註：對應臺灣時間為凌晨 4 點（夏令時間）或 5 點（冬令時間）收盤。

金融知識。但是投資股票，我們不需要了解這世界上所有的金融知識。其實，想功成名就所必備的市場分析能力，並沒有這麼遙不可及。不過，利率對美國市場所造成的影響最大，只要了解什麼是利率，對各方面都會有所助益。除此之外，還可以參考聯準會決定利率時參考的兩大指標——物價指數（Price Index，PI）* 與就業指數（Employment Index，EI）†。美國聯準會的利率政策，會對全球造成偌大影響，也會直接衝擊韓國股市。

所以我們不只要觀察利率的動向，還要觀察美股三大指數（道瓊指數、那斯達克指數、S&P 500 指數）的走勢，以及各個行業的漲跌，因為它們都會對韓國的 KOSPI 和 KOSDAQ 指數與個股，帶來巨大的影響。

2. 掌握市場動向的基礎：利率

投資股票的時候，我們會發現，國內外大大小小的事件和議題，都會對整體或部分市場造成影響。韓國屬於原物料進口國，韓元兌美

---

* 美國物價指數的評斷基準是消費者物價指數（Consumer Price Index，CPI）。美國勞工統計局（Bureau of Labor Statistics，BLS）每月都會公開 CPI，該指標會追蹤消費品與服務的價格變動趨勢，是用來評估物價漲跌的指標。順帶一提，若把 2019 年設定為 100，當作是基準點，新冠疫情前後，美國 3 年來的物價走勢如下：2020 年美國通膨指數是 100，維持在非常穩定的狀態（因為新冠肺炎爆發，使物價趨於穩定），但 2021 年通膨指數是 104.2，這表示 2021 年的物價，相比 2020 年上漲了 4.2%。

† 就業指數是廣義經濟指標之一，以特定產業或行業的公司作為調查對象，用來了解就業人數是增加、減少或持平。美國勞工統計局，會在每月第一週的禮拜五，公布失業率、勞動參與率、薪資增長率等就業指數（《美國就業報告》）。投資人可以運用這份資料，預測聯準會未來的政策走向。韓國的統計處每個月也會調查並公開韓國的勞動參與率、就業人數與失業人數。

｜三星電子與費城半導體指數的同步現象｜

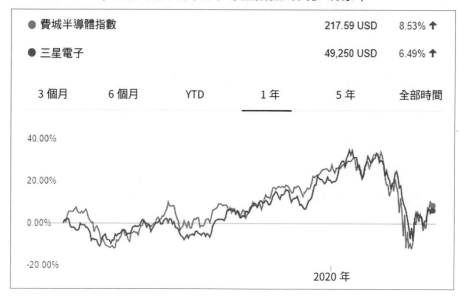

● 費城半導體指數　　　　　　　　　　　217.59 USD　　8.53% ↑

● 三星電子　　　　　　　　　　　　　　49,250 USD　　6.49% ↑

| 3 個月 | 6 個月 | YTD | 1 年 | 5 年 | 全部時間 |

｜ KOSPI 與道瓊的同步現象，2020 年 1 月～ 2023 年 9 月 ｜

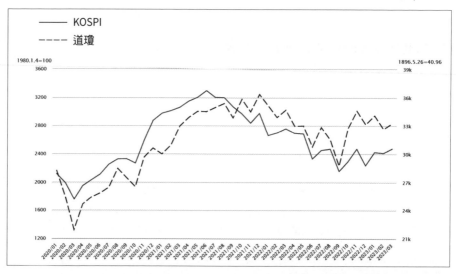

出處：韓國銀行經濟統計系統
https://ecos.bok.or.kr/#/SearchStat

元匯率飆漲的時期，進口物價上漲為我們帶來經濟上的衝擊，該產業的股價也往往水漲船高。反之，當韓元兌美元處於強勢的時候，美元負債較多的航空股、食品股……等股票則會呈現上漲趨勢。利率雖然看似跟普羅大眾無關，但它對我們的生活和經濟帶來的影響，遠遠超乎我們的想像。

美國的利率政策，是對全球市場、國內市場乃至整體經濟，影響最劇的議題。雖然還是有像中國或日本一樣，獨立施行政策的國家，不過世界各國的中央銀行，包含韓國在內，都只能與美國利率維持同調。所以說，身為股票投資人，我們必須留意聯準會和中央銀行的利率政策，根據利率上調或下調，做出相應的投資決策。情況不同，使用的投資方式就不同，我們最好要觀察利率，在策略上做好準備。關於利率上調和下調該如何投資股票，後續會再為各位做個統整和講解。

所以說，聯準會到底以什麼為依據來調整利率？這部分我還得繼續講下去。聯準會是美國的中央銀行，它不止決定主要的經濟政策，還負責調節貨幣量與利率。決定利率時，為和貨幣政策保持同調，基準利率會以貨幣政策的準則為基準。基本上，當消費者物價指數（CPI）高於目標水準，或是當失業率維持在適當水準時，就會升息（視情況而定）。反之，根據貨幣政策準則，若狀況相反時，就會降息，配合貨幣政策的走向。從過去的例子，我們可以看出聯準會在決定基準利率時，比起物價，相對更重視實體經濟（就業市場），這一點提供給大家參考，應該有所幫助。

順帶一提，聯準會是在聯邦公開市場委員會（Federal Open Market

Committee，簡稱 FOMC）＊上決定利率的。FOMC 是聯準會主要的決策機構，會議上會對整體經濟進行分析，並制定出合適的對策，再向全世界公開。有時候還會以鷹派或鴿派的發言，來調整市場氛圍。聯準會的利率政策，會對全球經濟和金融市場帶來極大的影響和波動。所以不止是財經專家，所有的市場參與者，都應該關注並分析聯準會的決策。

言歸正傳，讓我們來了解一下，利率上調和下調的時候，投資人應該如何應對，以及股票投資應該怎麼做比較好。

3. 利率上調期的股票投資

當景氣過熱或市場流動性過剩，就會發生通膨現象，負責相關政策的政府，便會上調利率。各位應該都記得，新冠疫情結束後，全球同時上調利率的時期吧。因為利率上漲，就能達到抑制通膨的效果，再加上升息時期，市場流動的資金會減少，股市也會出現大幅度的變動。

順帶一提，美國從 1990 年至 2023 年，經歷過五次升息期。2020 年，因為新冠疫情爆發，全球面臨前所未有的危機，以美國為首，包

＊FOMC 會議每 6 週舉行 1 次，每年共舉辦 8 次。委員會由 7 位聯邦儲備系統理事、12 位聯邦儲備銀行總裁，共 19 人所組成。FOMC 會議上，聯準會制定各種金融政策。當他們認為經濟衰退時，就會向市場投放資金，增加流動性；若像最近一樣，通膨壓力高漲時，就採取 Tapering（量化緊縮）政策，也就是透過流動性供給，回收市場上的資金。這種時候，利率扮演著至關重要的角色。需要振興經濟時，調降利率，向市場供應流動性；當市場上資金太多、發生通膨時，就上調利率。所以說，貨幣供給量與利率有密不可分的關係，身為投資人，必須密切關注會對股票市場帶來極大影響的利率政策，加以應對。

含韓國在內，都以生活補助金等各種形式，實行了無限制的財政擴張政策，釋放資金。過剩的流動性使股價和房地產價格大漲，用「暴漲」來形容也毫不誇張。這一舉措，引發了高度通膨等嚴重副作用，對此聯準會隨即展開急速的升息政策。承如資料所見，聯準會從 2022 年初開始執行急劇的升息政策，強行上調利率，也就是各位熟悉的 Big Step（升息 0.5％以上）與 Giant Step（升息 0.75％以上）。

| 美國升息趨勢 |

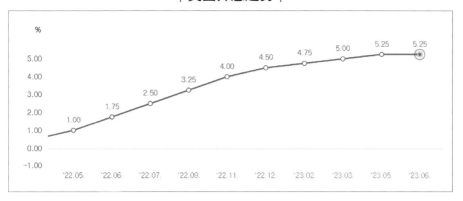

出處：FOMC

2021 年 6 月左右，韓國的 KOSPI 指數終於突破 3300 點，但爾後受到美國升息的影響，市場隨即回跌。不過短短一年，2022 年 10 月之際，KOSPI 指數已經大幅回跌至 2150 點，相較於 2021 年 6 月跌幅高達 35％左右。股價之所以持續走跌，而且無法被預測，是因為沒有人知道美國升息期會持續多久、強度會有多強。這些都等事過境遷後才會知道結果。新冠肺炎爆發後，美國在 2021 年首度執行升息，剛開始只升息 0.25％，但仍無法控制通膨，2022 年又四度升息 0.75％。這

些措施使市場過剩的流動性迅速萎縮，股市不斷走跌。而隨著美國升息告一段落，股價又開始從谷底反彈。

當韓國的 KOSPI 指數和美國的那斯達克指數，在技術面上發生死亡交叉*時，就應停止買進新持股，等待指數出現「真實的低點」。不管再怎麼想買股票，都得果斷停止投資，這才是聰明的投資策略。低點出現，**股價開始反彈的期間，「業績表現不錯的產業，會率先開始反彈」。**以韓國股市為例，二次電池類股與起亞（KIA，00270）等汽車類股，就首先出現了最大幅度的反彈。

4. 利率下調期的股票投資

降息的時期，投資人應該如何因應？如果發生像 2008 年美國金融危機和 2020 年新冠疫情爆發等，會使全球經濟快速萎縮的危機或徵兆，政府當局就會打出降息牌。因為政府擔心，投資和消費心態若受挫，經濟停止運作，可能招致更嚴重的危機。在降息期這段時間，政府會透過向市場供給流動性（降息），重振萎靡的經濟和市場信心。這是每次遇到嚴重危機的時期，都會反覆發生的現象。根據市場整體的流動性多寡，股市也會出現各種不同的現象。根據我個人的投資經驗，**降息的時候，最吸引大眾注意、市場討論度最高的市場中心股，上漲的時間最長也最久。**

---

*請參考技術面分析章節中，關於「死亡交叉」的資訊。

| 降息期的 KOSPI 指數 |

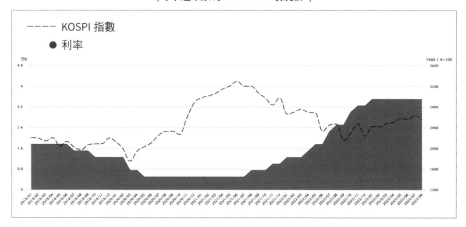

　　2020 年受到疫情影響，利率調降期有幾家企業表現非常亮眼。當時三星電子、Naver、Kakao 等科技股與網路遊戲股……等成長股、以快篩為首的新冠藥物相關製藥、生技類股，出現非常大的漲幅。降息期投資股票要非常慎重，因為調降基準利率，不僅限於韓國，而是世界經濟面臨危機的信號。過去 20 年來，我們面臨過幾次金融危機。除了一些太久以前發生的危機以外，目前印象最深的兩次金融危機，應是 2008 年的雷曼兄弟事件 * 和 2020 年的新冠疫情。

　　以美國為首，世界各國央行接連調降利率，提供流動性，致力於提振經濟。利率下調時期，若要投資股票，應該等到市場出現備受關注的股票，再伺機而動。在利率下調時期鋒芒畢露的公司，會迎接新的時期，股價長期且大幅上漲。因為無法預測的金融危機會破壞現有

---

* 2008 年 9 月 15 日美國投資銀行雷曼兄弟破產，引發全球金融危機。

的市場秩序，形成新的版圖，促使市場重組。重組後的市場，會誕生出新的市場主力股。

舉例來說，2020年新冠疫情大爆發，帶來前所未有的「遠距」模式。遠距模式出現後，大幅受惠的公司有 Seegene、Humasis 等快篩公司，還有開發疫苗的新豐製藥，躍升遠距時代受惠股的 Naver、Kakao 也創下亮眼的成績。這些符合新時代需求的公司，會成為市場的領頭羊，長期且大幅成長。「危機就是轉機」就是在形容這樣的情況。

除此之外，當經濟沒有持續惡化，降息政策對股票市場來說是一種利多，因為此時市場情緒已在某種程度上穩定下來，而且還會有大量的流動性進入資本市場，拉抬股價。總而言之，降息期（經濟惡化期）會形成新的模式，此時的股票投資人，應該竭盡全力尋找新市場的主力股。

補充說明，降息初期，市場對經濟衰退的憂慮加劇，投資人情緒惡化，會使市場走跌。這種時期，就必須做出快速且慎重的投資決策。等到景氣某個程度穩定下來，市場預期經濟不會進一步惡化，且利率不會進一步下調，市場的流動性放大，供給過剩的流動性會誘導股市上漲，接著股價當然就會過熱。所以這種時期，我們更需要積極投資股票。無論是降息初期或持續降息，根據市場什麼時候趨於穩定，必須採用不同的投資應對策略。

請恕我重述，觀察股票市場與實體經濟的走勢，已經不再專屬於專家，任何人都可以從全球公開的新聞和資訊，了解相關情況。如果想在股票上大舉獲利，就必須主動關注世界趨勢、預測利率未來的變化（升息或降息）。

雖然升息、降息與股票的走勢，並不像數學公式一樣百分百吻合，也不代表必然上漲或走跌，但我想強調的是，歷史上大部分的趨勢都是這樣。各位必須記得，趨勢決定方向。

BUY

CHAPTER 2

觀察個股
（基本面分析）

所有股民都想知道，明天的股票究竟是漲還是跌。但可惜的是，沒有人能夠準確預測市場，就連神也預測不了。我們雖然不可能準確得知未來的股價，但我們可以大致猜測未來的走勢。其中一種方法就是「觀察個股」，用我們熟悉的話來說就是──「基本面分析」。用這種字典陳述的方式來形容，不知道為何給人一種生硬的感覺。

　　「分析企業內在價值，預測企業股價走勢。」

　　所謂「觀察個股」，再進一步講解就是：「基於該公司向市場公開的財務報表、損益表、現金流量表等資料，分析該公司的財務狀態與經營狀況。」評估這些公司在市場上的評價，也是觀察個股的一部分。

SELL

1. 公司財報是投資的基本

分析任何事情,張大眼睛仔細觀察很重要。葛拉漢＊在《智慧型股票投資人》一書中,留下這段至理名言:

「投資是經過嚴謹的分析,保障本金,從而獲利。如果不這麼做,那就是投機!」

這段話點醒了我們,為什麼投資前要先觀察和分析公司的狀態。「基本面分析」換句話說就是「觀察個股」,顧名思義就是要裡裡外外好好觀察自己想投資的公司。我們必須仔細觀察並熟讀該公司的資產負債表、損益表和現金流量表,我認為它們是財務報表的核心所在。

| 財務報表的核心 |

資產負債表	得知企業的資產狀態,內容區分為資產、負債、資本三大項目。
損益表	紀錄企業的營業績效,要仔細留意銷售額、營業利潤、本期淨利。務必要檢討三年內每個項目的走勢,以及每一季業績
現金流量表	顯示出公司現金流入(＋)與流出(－)狀態的指標。確認營運活動(＋)、投資活動(－)、財務活動(－)所造成的現金收支也很重要。

＊班傑明·葛拉漢(1894～1967)被譽為「價值投資之父」,是非常重要的一位投資大師。在價值投資的概念還不存在的年代,他曾留下一段話:「投資想成功,就要買進股價低於實際價值的股票。」這句話的概念,就是我們當今熟悉的「價值投資」。

我們必須仔細觀察並分析該公司的財務報表、營業利潤率、競爭率與持續成長性，評估這家公司的內在價值（Intrinsic Value），再進一步判斷它是否適合投資。身為投資者，我們有必要了解什麼是企業內在價值。根據投資學與財務學的觀點，內在價值的定義如下：

所謂內在價值，是「不受外部評價和市場價格影響，公司本身獨具的價值」！

股價每天上上下下數十次，有可能高於或低於內在價值。假如股價高於內在價值，就表示被高估；若低於內在價值，就是被低估。內在價值必須涵蓋目前整體的資產價值、未來收益，以及我們肉眼看不見的價值（除了收益以外，也包含損失在內）。以內在價值作為基準，若股價被低估，就是可以買入的標的，但若認為該公司被過度高估，就要暫緩進場，繼續觀察。*

內在價值＝目前資產價值＋未來收益價值

假設過去和現在的企業價值，都已經反映在股價上了，公司業績屬於未來價值，若該公司業績被看漲，股價就會上漲。但假如該公司的當前資產價值和未來績效已反映在股價上，而且股價已經上漲了的

---

* 有一件事情大家並不了解。從電腦 HTS 系統（看盤下單軟體）上看到的個股股價，無法完全反映出企業的內在價值。當前的市值，沒有考慮該公司未來經營活動可能產生的收益或損失。專家們為了排除外部影響，確認該公司獨有的價值，會建立許多模型，其中「現金流量折現法」（Discounted Cash Flow Models，DCF）是股票投資人最常使用的內在價值估值法。

話，那麼未來的收益價值必須再進一步被看漲，股價才會再漲上去。務必記得，倘若市場認為該公司未來的業績會下滑，不管現在業績多好，股價都會走跌。我們必須先判斷一家公司目前的價值是被高估、低估或合理、未來的價值是漲是跌，才能更準確地預測股價。現實中，這種判斷非常困難，但我們還是要盡可能努力觀察個股（基本面分析），預測合理的股價。

總而言之，重點是透過觀察個股，在股價低於內在價值（低估）時買進，在股價高於內在價值（高估）時賣出，這應該是眾所皆知的常識。某些特定的股票，其股價經常會在短期之內，因為議題、新聞利多、熱門題材而快速上漲，甚至過度調整，超出它的內在價值。反之，股價也會因為過度走跌或崩跌，低於它的內在價值。股票的當前股價和其內在價值之間，存在著差距，也正因為有差距，才會創造出投資的機會。

另一方面，從長遠來看，股價終究取決於企業價值。現階段大幅上漲的股票，雖然感覺會繼續走揚，可終究會因內在價值而走跌；股價低於內在價值的股票，最終也會因內在價值而上漲。從這個角度看來，股價的漲跌非常合理。請恕我重申，投資股價低於內在價值的低估股才能獲利，我們當然就要在股價便宜的期間，努力收購股票。

從投資理論上來說，上述這段冗長內容非常重要，不過也不是說每次買進股票時，都需要做完所有基本面分析，只是有些必要事項不可不確認。不管買進任何股票之前，我們都必須先確認 CB（可轉換公司債，Convertible Bond）與 BW（附認股權公司債，Bond with

Warrant）的數量、該公司是否有進行現金增資或無償配股＊、新股發行的日期⋯⋯等。實戰投資裡，確認這些資訊真的很重要。

CB 與 BW 對股價的影響 †

公司營運的同時，有義務必須向外公開資訊，我們可以從企業公開資訊中找到這些資料。除了 HTS 以外，每個人都可以透過 Naver 證券，搜尋企業的公開資訊。假如各位想投資的公司，在公告上出現了 CB、BW 的相關訊息，務必詳閱。‡這段話我每次都必須再三耳提面命，各位要把這件事當作是預防虧損的最後一道堡壘，這同時也是一堂基本課程，學習如何守護我們珍貴的資產。

＊ 增資是公司發行新股、擴充資本額的行為。公司之所以要增資，有籌措營運資金、擴充設備、償還債務、改善財務結構、擴充資本額提高信用額度⋯⋯等各種原因。但增資分為有償與無償。顧名思義，有償增資是收現金，增加新的流通股數（新股），有償股票增加，會帶來企業資產增值的效果。無償增資，是指按照資本額增長的多寡，發行相等金額的新股。沒有實際投入資本，只有增加股票數量，增加股本。不論是現金增資或無償配股，只要發生增資，股價就會暫時性走跌，我們稱之為「股權稀釋」。按照市場原理，供給增加，價值當然會下跌，要經過一段時間，股價才會找回合理價，在這之前，股價表現往往較為混亂。

† 請參考 2023 年 6 月 23 日《Chosunbiz》的報導。（該篇新聞指出，韓國諸多醫藥生技公司在疫情結束後股價持續下跌，導致其 CB、BW 投資人選擇提前賣回，進而對股價帶來不良影響。）https://biz.chosun.com/stock/stock_general/2023/06/23/SQM4D6KNIBDKBG6UUBN7RFLINU/?utm_source=naver&utm_medium=riginal&utm_campaign=biz%EF%BC%89

‡ 編註：欲查詢臺股之 CB、BW 之公司公告資訊，可至公開資訊觀測站（https://mops.twse.com.tw），點選「重大訊息與公告」→「公告查詢」，設定公司代號或選擇市場別，並於「公告種類」下拉選單中選擇「發行新股、公司債暨有價證券交付或發放股利前辦理之公告（公司法第 252 及273 條）」，即可查詢相關公告。

| 韓國金融監督院電子公告資料 |

有價證券市場 163 件（2023 年 09 月 15 日）　　時間 ▼　公司 ▲　公告標題 ▲

時間	公司	公告標題	發布人	發布日期	備註
17:59	保寧	投資判斷相關主要營運事項	保寧	2023.09.15	
17:52	SBW	其他市場通知（上市資格審核結果通知）	有價證券市場……	2023.09.15	
17:47	KCTC	[已修正] 大規模集體現況公告〔年度公告與 1/4 季度報告（各公司）〕	KCTC	2023.09.15	
17:38	思潮五洋	不實公告法人指定預告	有價證券市場……	2023.09.15	
17:36	平和控股	[已修正] 第三方財務擔保決策（子公司重要營運事項）	平和控股	2023.09.15	
17:36	UNI-M	最大股東持股變動申報書	UNI-M	2023.09.15	
17:34	Dynamic Design	回應調閱公告要求（顯著市場波動）（未確定）	Dynamic Design	2023.09.15	
17:23	曉星化學	第三方財務擔保決策	曉星化學	2023.09.15	
17:22	SK Discovery	[已修正] 重要事項報告（子公司處分決策）（子公司重要經營事項）	SK Discovery	2023.09.15	
17:21	一星建設	[已修正] 短期銷售、供給契約簽訂	一星建設	2023.09.15	
17:18	韓信工程建設	重要事項報告（停止營業）	韓信工程建設	2023.09.15	
17:18	韓信工程建設	停止交易與解除停止	有價證券市場……	2023.09.15	
17:17	SKD&D	[已修正] 重要事項報告（庫藏股處份決策）	SKD&D	2023.09.15	
17:10	三扶土建	[已修正] 短期銷售、供給契約簽訂	三扶土建	2023.09.15	
17:09	大宇建設	[已修正] 第三方財務擔保決策	大宇建設	2023.09.15	

17:07	Dayou A-tech	最大股東持股變動申報書	Dayou A-tech	2023.09.15	
17:06	東洋鐵管	提請訴訟申請（請求高達一定金額）	東洋鐵管	2023.09.15	
17:05	樂扣樂扣	代表理事（代表時執行幹部）變更	樂扣樂扣	2023.09.15	
17:04	樂扣樂扣	臨時股東會議結果	樂扣樂扣	2023.09.15	
17:03	CJ CGV	與同一關係人之子公司的商品暨勞務交易	CJ CGV	2023.09.15	
17:02	SK Innovation	現金增資與股票相關公司債請購結果（自行公告）	SK Innovation	2023.09.15	
17:02	三星 SDI	最大股東持股變動申報書	三星 SDI	2023.09.15	
17:00	NH 投資證券	投資說明書（批量報告）	NH 投資證券	2023.09.15	
16:59	SK	最大股東持股變動申報書	SK	2023.09.15	

出處：韓國金融監督院電子公告系統（https://dart.fss.or.kr/dsac001/mainY.do）

　　規模大、信用良好的優良企業，可以自行發行公司債籌措資金，不過規模不大、難以自行發行公司債的公司，會透過發行 CB 和 BW 籌資。

　　這些公司會對購買自家 CB 與 BW 的投資人提供有利的條件。CB 是一段時間過後，可以選擇轉換成股票的債券，如果期間沒有進行轉換，一直持有到期滿，還是可以像一般債券一樣，領回約定好的利息和本金；如果轉換的話，就可以賣掉股票，從中獲利。BW 則是給予按照事前決定好的價格，認購一定數量之新股的權利。

CB：發行公司債。一定期間過後（一般為 1 年後），可以轉換成股票。行使權利轉換成股票後，會喪失既有債券的權利。

BW：擁有附加選擇權，當發行債券的公司發行新股的時候，可以**事先用先前約定好、較低的價格**買進股票。

發行 CB、BW 雖然有好的一面，但是對市場而言，大多數都屬負面消息（股票供給數量增加導致股價走跌）。所以重點在於，了解公司發行 CB 和 BW 的真正目的，以及為什麼要籌資。這些資料，都會呈現在企業的公告上。

投資之前，要些了解該公司發行 CB 和 BW 的目的、轉換行使期、發行股數、每股發行價等等詳細資訊。CB 和 BW 發行的目的不同，市場就會有不同反應，如果籌資目的是公司為製造新商品，需擴展或新設工廠，當然屬於利多；若是因公司需要營運資金，或是為償還債務，那就是利空。但基本來說，經常發行 CB 和 BW 的公司，都必須謹慎投資。

2. 觀察個股的必備指標

股價是判斷公司當前價值的一種基準。儘管如此，當前股價依然無法完整反映出公司的實質價值，有時會被高估，有時會被低估。有一些熱門指標，可以當成判斷高估與低估的標準，幫助我們判斷當前股價是否合理。用我們熟悉的話來說，就是「基本面分析」時使用的指標，同時也是我們觀察個股時所需要使用的指標。雖然這些專有名

詞，連投資新手都已聽過無數次，但我依然不能省略這個部分，所以簡單地統整了一下。

　　PER（本益比）、EPS（每股盈餘）、PBR（股價淨值比）、ROE（股東權益報酬率）* 都是大家熟悉的用語，讓我們逐一了解一下。這些指標廣為人知，很多股票書裡都會簡略講解這些指標。這些東西好像人人都懂，卻又很可能被搞混，所以還是簡單統整說明。這些指標是非常普遍的評估工具，葛拉漢剛開始嘗試「價值投資」的時候，也會參考這些指標。

1）本益比（Price Earning Ratio，PER）

$$本益比（PER）= \frac{股價}{每股盈餘（EPS）}$$

　　PER 的計算方式，市場的當前股價除以該公司的 EPS，藉此我們可以得知，該公司的股價是它收益的幾倍。有的時候，我們會發現企業的財務報表上，漏掉了 PER 指標。這是因為該公司的營業利潤呈現虧損，沒有獲利，所以才會留空不寫。普遍來說，高 PER 表示股價高於獲利（高估），相反的情況下，就代表股價比較便宜（低估）。

---

* 大家都知道，股東權益報酬率（ROE）的使用範圍比其他指標更廣。判斷企業內在價值時，ROE 是很有用的指標。

價值投資

股票投資伴隨著高風險，價值投資基本上是所有投資人所追求的投資方法。價值投資，意指投資業績和現金流表現良好、但股價被低估的公司。相對來説，價值投資本金虧損的風險較小，某個程度上可以保障獲利。總而言之就是「等待就能獲利的投資」。

基本上，價值投資的標的是當前股價低於業績的公司。當危機來臨，市場狀態不利於投資人，且波動非常劇烈時，價值投資可能會讓投資人感到安心。但是 2020 年過後，投資人似乎開始排斥價值投資，價值投資已不再如此受到歡迎。原因在於，大部分的投資者都沒有耐心長時間等待，也沒有這樣的財力。況且市場上真的有很多投資人，都只想著快速獲利。

即便如此，受到投資人尊崇的世界級投資大師巴菲特，以及巴菲特的老師葛拉漢之所以舉世聞名，是因為他們透過價值投資，創造出超越想像的鉅額收益。承如前述，價值投資是分析並關注被低估的企業，投入資金後耐心等待就得以獲利。

當然，假如你的投資模式屬於短期投資，嫻熟此道，是一位有實力且投資報酬率豐厚的投資人，那就繼續反覆執行自己擅長的投資模式吧。如果要求善於短期投資的投資人使用價值投資策略，利用長期槓桿創造收益，反而會讓他們感到彆扭和困難。我們不能忽略自己與生俱來的個性，以及適合的投資模式。只是我們也不能忽略，世界級的投資大師，透過價值投資創造出鉅額利差的事例。如果你還不是很

擅長短打，沒有獲利反而一直虧損，不妨試著改變投資方式吧。為了進行價值投資，我們需要培養基本閱讀財務報表的能力，藉此找出股價被低估的價值股。

不過平心而論，要仔細觀察企業的內在與外在價值、看過所有財務報表，實際上是很困難的一件事，這種事屬於專家的範疇。我們有必要為了找出價值股，花費這麼多力氣嗎？雖然了解投資標的的所有內情，可以為投資帶來偌大幫助，卻要耗費太多精力。其實我們只需要確認幾項資訊，就可以輕鬆知道要不要買進這檔股票。

- 有無頻繁發行 CB（可轉換公司債）
- 確認已轉換的股數是否有在市場上流通
- 確認是否有連續 3 ～ 4 年發生營業虧損
- 確認目前股價是否與企業價值脫鉤，被高估

2010 ～ 2020 年那斯達克的平均 PER 是 21.98，同一時間 S&P 500 的平均 PER 是 33.1，但是韓國三星電子的 PER，其實有很長一段時間都低於 10。在這種情況下，當時人們認為三星電子被低估了。股票市場上，根據流動性的多寡，人們對本益比的解釋可能有正也有負，所以投資人最好要根據不同的個股、不同的產業，靈活運用本益比。

2）每股盈餘（Earning Per Share，EPS）

$$每股盈餘（EPS）= \frac{本期淨利}{發行股數}$$

　　EPS 的計算公式是本期（稅後）淨利除以發行股數的總額。無關企業規模大小，這個指標可以呈現出每一股的盈餘，有助於比較公司與公司之間的獲利表現。每股盈餘較高，表示公司營運良好，所以業績亮眼，因此會對股價帶來正面效應。

　　不過若是從 PART 1 提到的配息作為考量，那就要注意，每股盈餘較高並不代表配息就會比較多。

3）股價淨值比（Price Book Value Ratio，PBR）

$$股價淨值比（PBR）= \frac{當前股價}{每股淨值（總資產－總負債）}$$

　　PBR 的計算公式是當前股價除以每股淨值（總資產－總負債）。假設 H 公司的股價是 1,000 韓元，扣除掉包含負債在內的各種資金後，每股淨值是 500 韓元。

　　套用上述的公式就是 1000/500，股價淨值比是 2。通常 PBR 低於 1 代表被低估，高於 1 的話代表被高估。

4）股東權益報酬率（Return On Equity，ROE）

$$股東權益報酬率（ROE）= \frac{本期淨利}{股東權益} \times 100$$

ROE 是評估公司可以運用股東資金賺回多少錢的指標。倘若公司財報上的 ROE 很高，市場就會給予正面評價。ROE 的計算方式是本期淨利除以股東權益後，再乘以 100。此處的本期淨利，指的是稅後的最終淨利。舉例來說，Y 公司的股東權益是 5,000 萬韓元，ROE 是 20%，代表 Y 公司可以利用 5,000 萬韓元創造 1,000 萬韓元的利潤。所以 ROE 越高，代表資本運作越有效率，創造的利潤越高。

但是參考 ROE 的時候，有一個需要留意的地方。我們不能全盤相信 ROE 公式裡的本期淨利，這當中除了透過股東權益賺取的營業利潤以外，還包含了其他損益，或像房地產租金等諸如此類的一次性收益。所以就算 ROE 的數值很高，我們也還是得去了解，淨利裡除了單純的營業利潤以外，是否包含其他項目而拉高了數值。除此之外，股東權益是 ROE 計算的分母，若分母變低，ROE 也會變高，這代表公司可用較少的資金，創造出較高的利潤。總結來說，ROE 就算表現亮眼，我們也必須去了解這個數字背後隱藏的事實。但理論上來說，市場會給予 ROE 高的公司正面評價。

下頁圖統整了 PER（本益比）、EPS（每股盈餘）、PBR（股價淨值比）、ROE（股東權益報酬率）等指標的計算方式與判斷原則。簡單來說，PER 與 PBR 指標越低越好，EPS 與 ROE 指標越高越好。

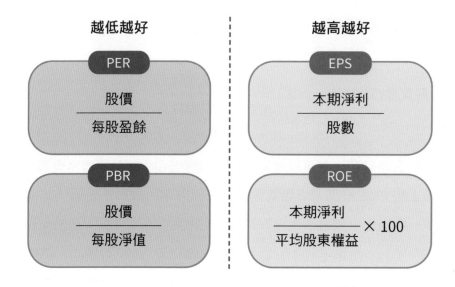

越低越好	越高越好
PER $\dfrac{\text{股價}}{\text{每股盈餘}}$	**EPS** $\dfrac{\text{本期淨利}}{\text{股數}}$
PBR $\dfrac{\text{股價}}{\text{每股淨值}}$	**ROE** $\dfrac{\text{本期淨利}}{\text{平均股東權益}} \times 100$

5) 殖利率（Dividend Yield Ratio，DYR）

　　投資人投資公司每年領到的收益，被稱為股息。殖利率簡單來說，就是每股可獲得的股息金額比。計算公式是股息除以當前股價。重視配息的投資人，當然會投資殖利率較高的企業。這種情況下，可以期待殖利率帶來高於銀行定存利息的收益。

　　我們已經統整了觀察個股必備的幾個指標（基本面分析）。在懂和不懂的情況下，股票投資會帶來天壤之別的結果。如果懂又獲利，那就是實力；如果不懂但獲利，那就只是運氣。這世界上沒有不珍貴的錢，不管金額多寡，錢都很珍貴。大部分的投資人，都是歷經長時間，一點一滴積攢出投資的本金。錢如此珍貴，所以我們投資絕不可以只靠運氣。我們必須仔細閱讀我們感興趣公司的財務報表，並擁有

估算股價的眼光和標準。剛開始也許不熟悉，看不進去，但只要經常閱讀，就絕對可以克服這種陌生的感覺。如果因為感到困難和混亂就選擇逃避，獲利只會離你越來越遠。

　　儘管此處省略不談，但我們只要仔細觀察並分析基礎財報數值之間的相對比率（銷售增長率、營業利潤率、流動比率、負債比率、資本耗損率……等），就可以做出更精密的企業價值評估。分析和觀察，沒辦法仰賴別人幫忙，得要自己一步一步完成這項功課。順帶一提，基本面分析對於追求價值投資的投資人而言，非常重要。但對一般投資者來說，財務方面的專有名詞太多，我想不少投資人應該都會覺得很困難。

CHAPTER 3

觀察圖表
（技術面分析）

透過觀察個股（基本面分析），分析完想買進的公司之後，還有其他準備要做嗎？那當然，接下來就是圖表分析了。

　　有些人說，股票是一場時機之爭，要判斷在什麼價格進場、什麼價格出場。觀察圖表（技術面分析），就是掌握進出場時機的準備過程。想要掌握時機，還真的不簡單，而圖表分析可以在某種程度上作為輔助。「觀察圖表」和「觀察個股」一樣，都是股票投資者要學習的基礎內容。

SELL

1. 圖表的基礎（壓力線、支撐線、趨勢線、突破）

圖表是投資人把股價走勢視覺化的一種歷史紀錄，雖是過去的股價走勢，但還是可以幫助我們判斷未來股價的走向是漲是跌（當然，股價並不會全然按照預期發展）。我們可以把技術面分析稱為「市場求生的盾牌」也不為過。除此之外，圖表還會告訴我們，市場參與者的交易心態。指數線圖（如韓國的 KOSPI、KOSDAQ）呈現出的是當下的市場狀態，個股線圖會告訴我們這家公司的歷史。

所有的股票，共通點就是有「壓力線」、「支撐線」、「趨勢線」以及「突破」。我們必須了解這些是什麼，才能掌握股價的走勢。然後了解何為「移動平均線」、「黃金交叉」、「死亡交叉」，再進行交易。如果仔細觀察這家公司的股價走勢，就能大致上看見壓力、支撐、趨勢等關鍵因素。

| 壓力、支撐、趨勢、突破 |

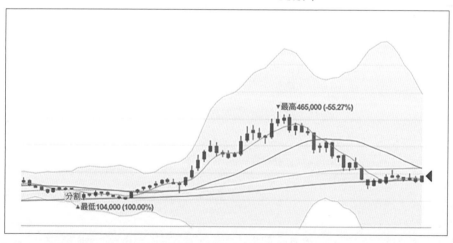

1) 壓力線

壓力是阻擋股價上漲的趨勢。當 K 線高點形成水平線的時候，股價便無法繼續上漲，形成長長的一條直線。但是當壓力被突破的時候，股價往往會大幅上漲。

2) 支撐線

支撐與壓力相反，是股價不會繼續下跌，持續獲得支撐的趨勢。當 K 線的低點形成水平線的時候，股價就便不會繼續走跌，而是會形成長長的一條直線。假如股價跌破支撐線，通常就會大幅走跌。

3) 趨勢線

趨勢線是「股價朝著一定方向發展」，也就是說，「趨勢線」會告訴我們股價的走向，可以分成上漲趨勢線與下跌趨勢線。趨勢線是由多個拐點，也就是多個止跌回漲低點（支撐線）或多個由漲轉跌的高點（壓力線）所連接而成。

4) 突破

所有股票投資人引頸期盼的就是「突破」。顧名思義，就是原本橫盤或停滯不前的股價，獲得強大的動力，突破壓力線（大多都會發生黃金交叉）。觀察穩健又優良的公司圖表會發現，長期來說股價大多會持續走揚。基於這個事實，觀察圖表時，當股價突破壓力線時，原本壓抑著股價的壓力線，就會從這個時間點轉變成支撐線。當市場狀態良好、公司業績表現轉好，股票圖表大多都會隨著時間呈現階段

性成長，如實展現出公司正在慢慢成長的狀態。

市面上有很多書籍，專門只針對圖表進行講解，這些都是非常富含意義且有用的資料。但我個人認為，只要了解我剛剛講解的基礎知識，再熟讀以下內容，想獲利並不是什麼太大的問題。當然，如果分析個股圖表，觀察個股股價的歷史走勢，就可以再進一步了解當時投資人的想法和心態。

2. 移動平均線

移動平均線（Moving Average，簡稱 MA）對股票投資人而言，是實戰投資時最重要的基本圖表。移動平均線是以每天股價的收盤價為基準，計算出移動平均值，並標示在圖表上的延伸線。所以移動平均線畫的，是一定期間內股價的平均價格。移動平均線有分為呈現出指數走勢的指數移動平均線，還有個股平均線。移動平均線是過去股價波動的痕跡，參考移動平均線可以確認股價的平均走勢，幫助我們粗略判斷股價的漲跌。我們可透過 5 日線、10 日線、20 日線、60 日線、120 日線看到股價的整體走勢，大致預測未來的股價。

1）移動平均線的多頭排列

所謂多頭排列，是指股價走勢在 5 日線、10 日線、20 日線、60 日線、120 日線之間，呈現由上至下整齊排列的狀態。股價大漲的牛市上，

我們經常可以看到多頭排列。多頭排列出現後，股價持續上漲的可能
性很高。

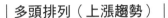

| 多頭排列（上漲趨勢） |

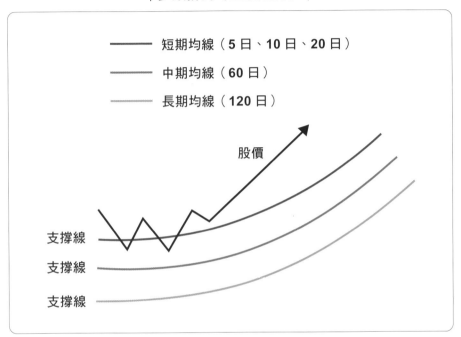

2) 移動平均線的空頭排列

　　多頭排列的相反就是空頭排列，由上至下依序為 120 日線、60 日
線、20 日線、10 日線、5 日線。空頭排列表示股價處於跌勢，當股價
呈現空頭排列的時候，絕對不可以買進股票，而且還要考慮是否該賣
出手上的持股。當市場狀態不佳、處於熊市的時候，發生空頭排列的
股票肯定會增加。

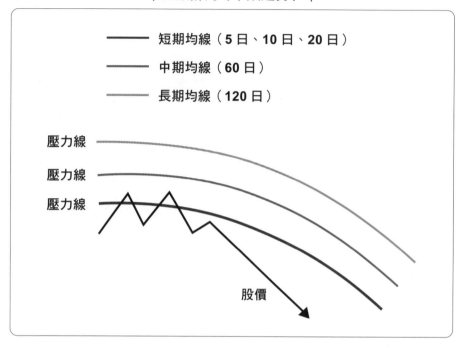

| 空頭排列（下跌趨勢） |

—— 短期均線（5日、10日、20日）

—— 中期均線（60日）

—— 長期均線（120日）

壓力線

壓力線

壓力線

股價

移動平均線的多頭和空頭排列，大略統整如下。

| 多頭排列 vs. 空頭排列 |

多頭排列

- 短期、中期、長期均線由上而下依序排列，即呈現多頭排列。
- 是積極買進股票的時機。

空頭排列

- 長期、中期、短期均線由上而下依序排列，即呈現空頭排列。
- 賣出持股的時機，絕對不可以買進股票。

3. 迎接行情噴發的黃金交叉，與崩跌徵兆的死亡交叉

短期均線（5日線、10日線）向上突破中長期均線（60日線、120日線）上漲的現象，稱為黃金交叉。市場指數（KOSPI、KOSDAQ）出現黃金交叉，意味著市場轉強。幾乎所有股票的大漲（行情噴發）都始於黃金交叉。假如投資人可以在指數止跌、開始上漲後，在黃金交叉出現的初期，買進當下的重點股，後續將獲利可期。

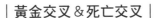

| 黃金交叉＆死亡交叉 |

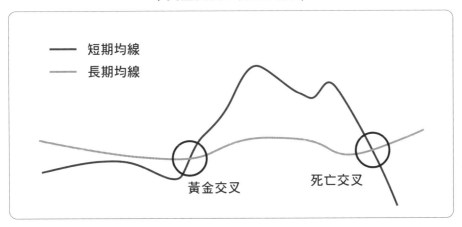

均線線圖出現黃金交叉後，再過一段時間，大致上都可以看到圖表上出現多頭排列，股價走揚的情況。

指數大幅上漲，或個股出現明顯漲勢後，若沒有進一步的買勢進場，或者大盤情勢轉跌，股價自然會再度走跌。當短期均線（5日線、10日線）向下跌破中長期均線（60日線、120日線），即是死亡交叉。各位應該都知道，死亡交叉就是股價轉弱的強勁訊號。

假如市場指數（KOSPI、KOSDAQ）的日 K 出現死亡交叉，就應該做好準備，迅速賣出手上的持股。死亡交叉出現後，通常過一段時間就會出現空頭排列，進入熊市。如果沒有在初期把股票賣出，後續就可能大幅虧損，難以回本。除了心態上很辛苦以外，還會失去時間槓桿。

4. 技術分析的極限

在股市沒有暴漲暴跌、處於穩定上升或箱型市場（橫盤）的時候，利用圖表進行交易，是很有用的方式。利用移動平均線（圖表）投資股票，已是從事數十年股票投資的投資人之間心照不宣的默契。但是，發生突如其來的利空、股價強勢崩跌，或是整體市場暴跌的情況下，圖表就沒有辦法為我們帶來太多的幫助。

特別是當個股的日 K 線圖出現死亡交叉時，就必須要格外注意。有時候，圖表上明明出現了黃金交叉或死亡交叉，但在我們買進或賣出股票後，卻發生黃金交叉立刻轉為死亡交叉，或是死亡交叉隨即轉換成黃金交叉的情況。這種情況大部分發生在總市值較低的個股上，我認為會發生這種事，是因為某些主力在利用自己的資本影響股價，所以我們必須投資總市值有一定規模的優良企業，才能遠離主力的欺詐。當然，我們也得積累投資經驗，才能感知得到。移動平均線是故事，會呈現出個股或市場的歷史軌跡，所以說，各位必須銘記在心，均線並不是一個永遠沒有例外的資訊。但是，均線可以借鑑於過去，

在各個方面幫助我們謹慎預估不知道未來會怎麼發展的股價。即便使用移動平均線，我們也必須根據市場的狀態作出合理的應對。關於這部分，後續正式進入買賣章節的時候，會再詳細討論。「觀察圖表」（技術面分析）到此就大概告一段落了。

　　PART 2 裡講解的 3 個主題（觀察市場、觀察個股、觀察圖表），是投資股票之前，各位必須悉知的基本內容。只要理解這些內容，就不需要靠別人推薦股票，能夠自己判斷和分析股票，進行交易。為了符合我寫這本書的目的，我去蕪存菁，簡單整理出重點，有些部分沒能提及有些可惜，不過我認為這個程度的敘述很合理。其實市場上有很多投資人連這些都不了解，真是令人感嘆。各位只要了解這三項基礎，就可以對股票投資的獲利帶來諸多幫助。就算有些困難或複雜，我希望各位還是要反覆閱讀，熟知這些內容。

　　股票投資的基本知識就到此為止了。從現在開始，我打算一步一步開始介紹，多數人感興趣的交易方法。

PART 3

中長期投資人
低買高賣的方法

Intro

利用中長期投資
變成有錢人

　　從 PART 3 開始，我將開始逐步介紹交易方法。首先，我們要先聊的是中長期投資，它被形容為是「一場與時間的鬥爭」。其實許多投資人，都想做中長期投資。中長期投資買進的標的，大致上已有定案。比起總市值較小的公司，中長期投資的標的更適合以堅實的中大型股為主。此外，中長期投資的初期，我們應該要利用圖表，找出有出現黃金交叉的股票。另一個條件是，這個標的必須是市場主力股。千萬別忘了，中長期投資與時代精神息息相關。

中長期投資的選股條件

「選擇總市值較大的中大型股中財報結構穩定的公司！」

「技術面上要出現黃金交叉！」

「從市場主力股中做選擇！」

　　大原則如上。但更具體的內容還可以細分如下：中長期投資的股票買進法、判斷進場時機、選股、錯過低點時的加倉方法、中長期投資的賣股法、把收益最大化的出場方式……等。當然，當股市出乎意料快速崩跌時該如何應對，也是不容忽視的重點之一。

CHAPTER 1

股票市場的
各種狀況

每當我們一覺醒來，這世界就充斥著雜亂無章的新聞報導，沒有一天得以安寧。除了假日股市休盤以外，股市大多都會因為各種議題和資訊而動盪不安，也因此使市場上出現熊市（崩盤）、市場反彈、橫盤（箱型）、牛市、回跌等各種狀況。

　　投資人必須留意市場的狀態，選擇買進或實現獲利，在市場狀態不佳時，還得賣掉持股。所以我們必須預測現在或不久的將來，市場會呈現出什麼狀態，並建立好相對應的投資策略。想要獲利並擴充資產，就得先了解目前的市場運作。那麼，就讓我們來了解一下熊市（崩盤）、反彈、橫盤（箱型）和牛市的特徵吧。

SELL

1. 熊市（崩盤）

「股票市場是縮小版的世界！」

在各種形容股票市場的詞藻中，「世界的縮影」似乎是最貼切的一個。雖然股市裡只由正數、負數與線圖所構成，但裡頭卻蘊含著非常複雜的世界。我們可以從股票市場，看見我們生活的世界會如何跟隨著流行運轉。如果想要了解這個世界的變化，觀察股市就行了。現實世界和縮小版世界（股市）彼此之間有著緊密的關係。讓我們先從讓所有投資人陷入困境的熊市開始看起吧。

當市場指數（KOSPI、KOSDAQ）原本處於牛市，但後續從高點走跌 10%以上的時候，我們通常稱為「轉跌」。如果跌勢持續 1 ～ 2 個月，就會被認定為熊市（空頭市場）。舉例來說，假設市場指數原本維持在 2000 點，但後續走跌了 10%（200 點），來到 1800 點。如果這個趨勢維持了 1 ～ 2 個月，那麼被稱之為熊市也不足為奇。股價指數下跌的話，對於指數擁有高影響力的權值股也會跟著走跌。雖然這些權值股的跌幅不盡相同，但大致上，可以看作是多數的大型股都走跌了。

這世界的事件和事故層出不窮，外部突如其來的利空可能對市場造成衝擊，引發股價大幅走跌，等市場消化完利空，股價就會再度回升。這種市場，不屬於熊市或牛市。例如，北韓進行核試驗的突發消息，會使當天的 KOSPI 指數崩跌，但 2 到 3 天內就會恢復，這就是最典型的案例。而且北韓核試驗的議題，也是不斷反覆發生。此外，熊市（崩盤）的期間長短，也會依照當時市場狀態，可能長於或短於預

期，狀況五花八門。一般來說，熊市期長大約是 6 個月到 2 年左右。

讓我們來看一個韓國最具代表性的熊市（崩盤）案例吧。1997 年外匯危機當時，韓國股市崩跌了 3 個月，橫盤了 6 個月。還有 2008 年美國金融危機發生時，崩盤 4 個月後，股價開始反彈，花了 2 年左右才重新復甦。2021 年新冠疫情爆發後，升息引發熊市，2021 年 6 月 KOSPI 指數從原本牛市的 3300 點持續走跌，直至 2022 年 12 月為止，延續了 1 年 6 個月（2022 年 10 月底 KOSPI 指數曾達到最低 2150 點）。以技術面來說，熊市會發生在市場指數出現死亡交叉後。**在熊市初期，死亡交叉出現的時候，賣掉手上所有的持股，才是正確的做法。**

當指數與多數權值股走跌時，千萬不可以認為自己的持股運氣不錯，可以繼續堅持下去，就輕易卸下心防。市場長期走跌期間，大多數股票都會出現崩跌趨勢。「沒有任何股票可以打贏大盤（市場）！」當然，短期內肯定會有漲跌幅高於指數的股票，但最終個股依然會朝指數收斂。打贏大盤的狀態，絕對沒辦法長時間維持。有些投資人會認為，大盤已經跌很多了，就急於進場買入新股。這可是萬萬不可啊。市場長期走跌時，我們沒辦法預測低點，沒有人知道低點在哪——「地面之下往往還有地下室啊！」

當我們判斷「這裡肯定是低點了」，市場卻出其不意繼續惡化，導致股價進一步下跌，我們就得承擔比剛開始下跌時更高額的虧損。在這種狀態下，被套牢的投資人很可能自暴自棄，甚至喪失要回本的意志，抱著「隨便啦」的心情，放棄希望。草率地判斷現在就是低點，開始收購股票，是非常危險的投資行為。這也是 2021 ～ 2022 年韓國股市熊市期間所大量發生的現象之一。

| 降息（股價↑）與升息（股價↓）時的股價 |

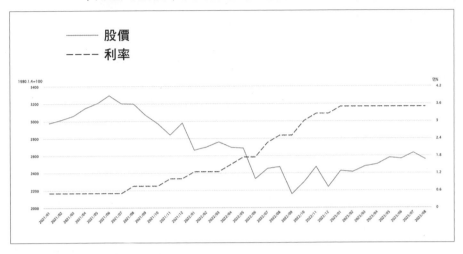

出處：韓國銀行經濟統計系統（https://ecos.bok.or.kr/#/Short/36680a）

　　引發熊市的原因有很多種。當經濟不景氣，業績便會下滑，股價作為企業業績的成績單，當然也會跟著走跌。經濟蕭條大多是股價走跌的主因，此外，政治危機（戰爭、暴動、北韓帶來的風險）或自然災害（颱風、地震、傳染病等）也會引發熊市。

　　PART 2 裡提過的升息，也會對市場帶來負面影響，並引發熊市。升息是為了控制物價上漲（通膨），減少流動性規模的政策，所以會對股市造成劇烈的影響。假如利率上漲，消費就會減少，進而造成經濟衰退。由於大眾不消費，企業業績衰退也會造成股價下跌。

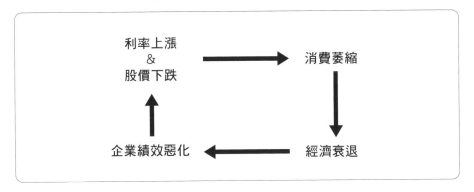

| 升息與股價下跌的循環 |

利率上漲 & 股價下跌　→　消費萎縮

企業績效惡化　←　經濟衰退

2. 低點形成後反彈

　　這世界上不存在「永遠」，不管再糟的情況，都一定會迎來轉機；看不見曙光的漫長隧道，終究會有出口。按照我的經驗，當最壞的情況開始發生，例如利空不斷被報導，股價持續走跌，反向交易開始出現……等，就代表我們離低點不遠了。股票市場充斥著許多投資因素，所以牛市會過熱（Overshooting），反之熊市（崩盤）會發生拋售（Undershooting）。

　　當市場整體指數相對企業價值過度下跌，本來不明朗的利空徹底浮出檯面，市場便會停止走跌，開始嘗試回升，轉眼之間，市場就會開始進入反彈局面。**如果熊市持續的時間較久，基於我的經驗，市場大多不會出現「V 型反彈」，而是會先等低檔打穩後，開始進入一段股價反覆漲跌的橫盤（箱型）。**韓國的 KOSPI 和 KOSDAQ 市場跟美國的相關性較強，所以走勢可以說和那斯達克與 S&P 500 指數相同。

我們可以把 KOSPI 與 KOSDAQ 市場上的權值股，例如「三星電子、現代汽車、起亞、LG 化學」等公司觸底後開始走揚的狀況，當成是判斷反彈的信號。

市場真正開始下跌前，和市場停止下跌開始反彈的時候，情況往往大相徑庭。要知道的是，當市場反彈時，市場的主力股明顯會發生變化。股價走跌時，所有的股票都會一起走跌；但是反彈的時候，往往只有特定產業的特定幾檔股票會上漲。

│ **2023 年 1～9 月 KOSPI 指數** │

最具代表性的案例，就是 2021～2023 年 9 月的 KOSPI 指數。KOSPI 指數歷經 2021～2022 年的熊市，指數跌落谷底後開始逐漸回升。補充說明，KOSPI 指數的最低點是 2022 年 9 月的 2134.77 點。爾後 KOSPI 指數漸漸回升，2023 年 9 月 20 日來到了 2550 點。從市場指數的圖表上我們可以看見，指數觸底後開始轉為多頭排列。

但是這段時期，只有三星電子、SK 海力士等半導體公司，與以 Ecopro 為首的二次電池產業有明顯上漲。除此之外，其他坐冷板凳的股票或產業，不但沒能趕上指數的漲幅，很多股票甚至跌得更低。所以說，如果投資人繼續持有熊市時沒能賣出的股票，而這持股又剛好不是目前的市場主力股，那就得花更多時間等待手邊持股出現回彈。這種漫長等待使投資人感到疲憊。眼睜睜看著其他股票正在上漲，肯定會感受到相對剝奪感，還不得不忍受由此帶來的痛苦，這種處境實在令人遺憾，而我身邊真的有很多這類型的投資人。

低點成形、指數開始反彈時，我們必須投資市場最熱門的股票。唯有如此，才能彌補熊市時令人心痛的虧損並從中獲利。恕我再次強調，市場反彈時，必須採取投資市場關注度較高的主力股投資策略。

3. 橫盤（箱型）

股票市場有大舉走跌的熊市，也有大舉上漲的牛市，除了這兩種情況以外，其他的市場都可以被看作是橫盤（箱型）。市場指數沒有突破前高點，並且在前低點獲得支撐，在一定的範圍內反覆漲跌的情況，就是橫盤（箱型）。市場已經沒有餘力支撐三星電子這類的大型股繼續上漲，指數相對於高點已經大幅下跌，但後續沒有進一步走跌，這種橫盤（箱型）的狀態，在股市裡很常見。

橫盤（箱型）狀態下，普遍來說，就算連大型股的投資人，都很難大舉獲利。在這種市場氛圍下，小型股和個股會出現很多暴漲、暴

跌的股票。**除此之外，在橫盤的狀態下，熱門話題或題材股也會更加頻繁地引發極端狀況的情形。所以說，橫盤（箱型）狀態下，我們必須以有話題的股票為主，仔細進行研究和交易，才能從市場上獲利。原因在於，此時的市場狀況尚未明朗，投資人的資金會聚集到擁有利多話題的個股之上。**橫盤（箱型）時期，人們會渴望找到新的投資標的，瞪大眼睛，觀察市場，所以只要某家企業有利多、傳出好消息，就會比任何時候都更加吸引人注意，集中效應也會更嚴重。但是只要市場認為，某家公司的利多不是一次性，而是有可持續性的話題，往往會發生「資訊的延遲反應效應」*，使得買勢湧入，最終造成過熱。

2023 年韓國的箱型市場上，「ChatGPT」、「超導體」、「AI 機器人」、「量子力學」、「沙烏地新城」、「烏克蘭重建」、「5G 通訊」相關類股大起大落。其中有長時間扮演著市場主力股的題材股，也有短時間在市場上受到投資人關注的題材股。不管是哪一種題材股，若買在高點，都一定會引發大額虧損。

橫盤（箱型）市場下，我們需要快速地應對與判斷。如果是擅長短期投資的選手級投資人，在橫盤的獲利有時會大幅高於牛市。

4. 牛市

牛市（多頭市場），是指市場指數持續上漲的市場。指數突破前

---

*請參考PART 5的有錢人必備的股票投資常識⑫〈強調多少次都不為過的「資訊延遲反應效應」〉。

高點，創下新高價，就是所謂的牛市。當指數大幅下跌後出現反彈，突破短期箱型壓力線開始上漲，就會被認為是恢復性上漲期。假如經濟條件改善，企業業績轉好，或是流動性不斷湧入市場，股價便會上漲。從技術面的指標來說，牛市時，指數會出現黃金交叉，大型股的漲勢會延續。由於大型股上漲，就算是初學者，只要能在上漲初期投資股票，就很難不獲利，這就是牛市。

市場上還有一種情況，就是大勢上漲期（俗稱的大牛市）。但是我投資股票 35 年來，其實也沒看過幾次這種情況。從 2000 年以後來說，2007 年 KOSPI 指數首度突破 2000 點；2020 年新冠肺炎爆發，流動性過剩，2021 年 6 月 KOSPI 指數來到 3300 點，我就只經歷過這兩次。順帶一提，2008 年美國雷曼兄弟事件發生後，KOSPI 指數從 2000 點崩跌至 800 點，2009 下半年又反彈回 1700 點，但這種時期我們不把它稱為牛市，這種情況稱為崩跌後的反彈。反覆漲漲跌跌、慢慢走揚，才是市場普遍的走勢，真正可以被稱為大勢上漲期的，只有上述這兩次（2007 年與 2020 年）。對投資人來說，大勢上漲期真的是很容易賺大錢的市場。身為全職投資人，一輩子都在投資股票，我真心希望真正的大勢上漲期可以經常來光顧。

接下來，我會介紹中長期投資的交易方式，彙整出我的經驗談與應對市場的方法。這部分的內容不簡單，用文字也不是那麼好表達，雖然有些遺憾和局限在，但我已竭盡全力。希望各位專注在我想告訴大家的內容，取得良好的投資成果。

BUY

CHAPTER 2

中長期投資的
股票買進法

中長期投資是幾乎所有投資人，包含全職投資人在內，都較為偏好的投資方式。中長期投資的標準，嚴格來說就是持有股票的時間，並沒有絕對值。只要公司的營業利潤有持續增長，前景看好，股價當然會持續上漲，持有該公司股票的投資人，收益也能穩定增長，是最理想的投資方式。但現實往往跟理想有一段距離。就算投資的公司再優秀，也不代表我們可以隨時隨地進場，因為這類型的公司，股價大多都已大幅增長了。

　　中長期投資沒有一個能掌握進場時機的固定公式。但基於我的投資經驗，有些情況下，確實有機率可以獲得高收益。讓我們一起了解中長期投資的進場時機、選股，以及上漲初期沒能買進股票時該如何加碼買進吧。

SELL

1. 判斷進場時機

中長期投資的進場時機是什麼時候？我認為，至少要在下跌期結束後，確認市場指數的低點已經形成，再行買進會比較好。**沒有人能知道指數和個股的最低點在哪，但是從技術面來說，主要指數出現黃金交叉後再買進，會是較好的選擇。**先確認市場指數的「低點」後再進場，即使需要承擔些微虧損，還是較為穩妥，我比較推薦各位使用這個策略。

KOSPI 指數的黃金交叉，發生在 2020 年的 3 月下旬。受到新冠肺炎的影響，指數崩跌後又急速反彈，KOSPI 指數的日 K 線圖上呈現出的狀況，就是代表性案例。2023 年 KOSPI 指數止跌後開始反彈，此時的 KOSPI 也短暫出現過黃金交叉。由於這種在情況下，指數不會持續走揚，所以要隨時確認日 K 線圖，如果短期低點出現支撐線就買進，如果指數開始背離且出現死亡交叉，採取出場策略對我們較為有利。

2. 中長期投資的選股

接下來，我們來了解一下中長期投資的選股。如果投資的目的是想進行中長期投資，要選擇什麼股票比較好呢？一般來說，主要會選擇符合投資當代精神的中大型績優股。總市值低、大股東持股比例較高的小型股，有時會發生蓄意拉抬股價的不公平交易，或是成為主力操縱股價的標的，所以要特別留意。中小型個股容易受到話題或新聞

影響，漲跌幅度大、波動性強，不適合進行中長期投資。

舉例來說，2007 年 KOSPI 指數首度突破 2000 點的時候，正好是重工業與鋼鐵業的全盛期。當時「浦項」與「現代重工業」是這些產業裡的主力股，廣受投資人關注。後來，中國政府為了準備 2008 年的北京奧運，投入大量資金在基礎建設上，鋼鐵和重工業成為最大受惠者，相關股票在 6 個月內大幅上漲。幾年過後，我們迎來了半導體時代。2010 年以後，半導體成為「產業龍頭」備受矚目，「三星電子」與「SK 海力士」的投資，投資績效表現亮眼。

2020 年新冠爆發時期，遠距時代來臨，平臺業者與網路類股（Naver、Kakao 等）、新冠快篩試劑（Seegene 等）、新冠治療藥物相關類股，成為了適合中長期投資的股票。

2021 下半年，遊戲股與娛樂股借力於 NFT 和元宇宙，股價隨之暴漲；2023 年下半年，以 Ecopro（086520）為首的二次電池相關類股，躍升為市場主力股，成為投資人關注的焦點。

各位務必要記得，相較於過去，如今的全球經濟瞬息萬變，受到技術研發和創新的影響，企業成長速度變得非常快，因此中長期投資的概念，已經不再是長時間發展，大多數股票都是在短期內出現高額報酬率。

就算指數在橫盤（箱型）區間裡停滯不前，但仍經常有些股票，會在 1 ～ 3 個月相對較短的時間內，出現 100 ～ 500％的報酬率。所以只要 2 ～ 3 個月左右，就可以看作是中長期投資。例如，2023 年在美國那斯達克上市的輝達與電動車領頭股特斯拉，一路持續上漲，韓國股市借力於此，韓美半導體（042700）與 Ecopro 等公司，也出現了

| KOSPI 指數黃金交叉 |

| Ecopro 日 K 走勢 |

中長期大幅上漲的趨勢。我預計，韓美市場之間的關聯性會越來越強，所以我們必須要更加注意，加以仔細觀察，利用美股積極進行中長期投資。

3. 錯過低點進場，改用加碼買進法

韓國大盤的股價或指數，一兩天內的波動通常很大，小型的箱型波動反而很少見。個股的波動則會根據股票有所不同，但一兩天內發生 30 ～ 50％波動的股票也很多。已從低點上漲 30 ～ 50％的股票，要再追高，對投資人來說是壓力非常大的一件事。即便是中長期投資人，當然也會有「現在是不是買在高點」的恐懼。通常股價在低點時，投資人往往沒有察覺；但股價上漲後，證券相關新聞或媒體開始相繼報導，股票也開始被投資人看見。

能從低點大幅上漲 300 ～ 500％的高市值股，具有一項特徵。**技術面上，黃金交叉出現之後，股票圖表也會呈現多頭排列，5、10、20日線之間的差距不大，保持著緊密的距離。所以說，就算想買進的股票，已經從低點上漲 30 ～ 50％，但只要你認為這檔股票會是這段時間的市場主力股，短期內只要股價站上 5 日線或 10 日線，就應該買進總投資額的 10 ～ 20％左右。**所以說，當股票從低點上漲 30 ～ 50％左右，就必須先冷靜判斷這檔股票是否為市場主力股。當股價碰到 5 日線或 10 日線的時候，要抱持著一定的信心，買進股票。這種時候，我們必須投入部分的資金，等到股價再度站上 5 日線（復位），在把剩

餘的資金拿來買進股票。

　　也就是說，我們可以等股價回跌到 10 日線，然後它再度站上 5 日線時，就加碼投資手邊所有資金。但假如這檔股票的股價回跌至 10 日線，又繼續再回跌到 20 日線下方，就代表這檔股票絕對不是可以創造出行情噴發的市場主力股。一檔相較低點上漲 30 ～ 50%的股票，當我們認定它是市場主力股並買進後，假如股價回跌到 20 日線，就必須承認自己判斷錯誤，盡快修正投資策略，立刻賣出股票，或是等到股價接近買入價時再賣出。可以創造出行情噴發的市場主力股，一般不會跌到 20 日線。已經上漲 300 ～ 500%的高市值股，上漲初期絕不可能沒有站上 5 日線或 10 日線。這句話的意思是，漲勢形成之前，**「我們通常有機會在 5 日線與 10 日線附近進場」**。

　　從多頭上漲初期開始，部分快速上漲的股票，偶爾會在股價大幅上漲後，回跌至 10 日線。假如股價飆漲，出現大幅度的乖離時，就等待乖離減少，站回 5 日線時，再買進 10 ～ 20%左右。假如隔天股價站在 5 日線上，漲勢繼續維持，那就加碼買進。股票投資，可以說是一場必須帶著某個程度風險開始的遊戲。過度謹慎絕對無法創造大額獲利。雖然我想盡可能簡單解釋給各位聽，但能做的還是有限。我再簡單統整一下重點：

　　1）前提是 KOSPI、KOSDAQ 指數表現不差
　　2）想買進的股票是市場主力股
　　3）技術面上（圖表）均線處於多頭排列初期階段

如果是滿足了上述三個條件的中大型股，就算短期內已經相較低點上漲了 30 ～ 50%，我依然建議各位在 5 日線、10 日線上積極加碼。如果股票形成了 1）～ 3）的條件，不要害怕，勇敢買進才能期盼大舉獲利（PART 5 講述行情噴發的投機性投資時，我會再提到一次）。

CHAPTER 3

中長期投資的
股票賣出法

決定股票成功與否最重要的行為，就是賣出。低價買進股票，股價即便已經大幅上漲，但若是錯過出場時機，沒有兌現，一切終究徒勞無功。所以人們才會說，股票投資的真理在於「便宜時買進，昂貴時賣出」。

我一輩子都在投資股票，每天煩惱的事情也都是短期投資的低點買進與高點賣出。對中長期投資來說，賣出時機更是至關重要。也難怪有人說，股票的進出場時機是種藝術。因為太早賣出而後悔、因為東張西望太晚賣出而虧損，這種經驗我多得數不清了。以下內容與前述一樣，是基於我大筆套利的經驗，所整理出的中長期投資出場重點。

SELL

1. 中長期投資的收益最大化

在股票投資的中長期投資人中，有兩種常見的情況。

其中一種是，手邊的持股不斷走跌，無關自己的意願與否，被半強迫必須進行長期投資。股價走跌初期，如果可以把股票賣出，就能防止虧損，但這類投資人錯過了出場時機。他們無時無刻都承受巨大的壓力，只能眼睜睜看著帳戶裡的虧損越來越多，他們內心的煎熬，簡直難以言喻。

補充一個例子。在美國那斯達克上市的電動車公司 RIVIAN，上市後受到全球第一大電動車公司特斯拉的影響，股價上漲到了每股150 美元。但是 2023 年 5 月底，RIVIAN 的股價已下跌 85％，每股停留在 13 ～ 14 美元，2023 年 9 月中旬的市場價格是 22 ～ 23 美元。投資這檔股票的投資人，當初應該對市場做出準確判斷，在虧損還小時決定停損。這種投資決策對中長期投資人而言非常重要，因為資金被套牢，要等到股價回本，就很容易損失機會成本。一段時間後股價有回本那還是萬幸，更嚴重的情況，是股價永遠都無法回到買入價。

還有另一類的投資人，他們的心態是「持有了這麼久的股票，終於回本了，要快點賣出股票，選擇出場」。當他們擺脫了漫長虧損，即使收益低於預期，他們也會急著實現獲利，加以賣出。這類型投資人「大多都是長期虧損、短期獲利。」這是因為，人類本來就有規避風險的心態，這導致投資人的股票上，往往只剩下虧損的股票，或者費了好大一番功夫，卻只撈回了本金。即使投資人像後者一樣，好不

容易回本，但考量投資所花費的時間，仔細一想也是一種虧損。然而真正有實力的投資人，管理帳戶的方式卻與此完全相反（長期獲利、短期虧損）。

換句話說，當買進的股票開始虧損，帳面轉綠，就立即賣出（負5％就賣出）；反之，若轉紅走揚就長期持有。熟悉這種投資方式，投資人的帳面才會持續增長。這段話非常重要，這是統計學上已經確認過的結果。當帳面出現獲利，投資人就急著賣出，當帳面轉盈為虧，就因捨不得（規避虧損的心態）而長期持有。我想應該很多投資人都經歷過吧？虧損的帳戶，時間越久只會越虧越多。反覆做這種投資的人，遠比我想像中的更多。各位務必要改掉這種錯誤的投資習慣。

如果是中長期持有的股票開始獲利，不要急於賣出，要更深入的去研究這檔股票。事出必有因，這市場所有的事情都有原因，不管是好的或壞的，肯定都會有結果。我們必須觀察圖表是否持續維持多頭排列（技術面分析）、市場氛圍（KOSPI、KOSDAQ 指數的走勢）、營業虧損（基本面分析）等。然後再加以決定要賣出還是繼續持有。

假如你認為現在市場處於牛市，股價後續可期，建議股價達到設定好的價位時，先只賣出手邊 30％以內的股票。如果在牛市初期把所有股票都賣出，結果這些股票又進一步上漲，那真的痛心疾首，這種情況我也經歷過很多次。中長期投資人若想把收益最大化，就要先掌握市場狀態，決定要停損或停利。擅長且熟悉進行這類的判斷，才能成為股票高手。

2. 中長期投資最理想的出場

　　根據投資人買進股票的時間不同，進出場的時機點通常也會有所不同。舉例來說，投資人在 65,000 韓元時買進起亞的股票，並且經歷股票下跌至 6 萬韓元的情況，肯定會陷入想要等股票回本再拋售的誘惑中，這種心態很正常，人都會想逃避虧損所帶來的壓力。讓我們再次來看起亞的股價。2022 年 12 月底，起亞的股價跌至 6 萬韓元左右，2023 年 4 月又上漲到 9 萬附近。股價在短短 6 個月內上漲了 50%。假如股價指數回升，手上持股處於多頭排列，最好要等圖表形成高點後再賣出股票。

　　當然，股價獲利初期肯定會受到強烈的誘惑，想賣出股票。不過這種時候，我們可以賣出手邊 20 ～ 30％的持股，其餘的必須等圖表上出現死亡交叉時再全數出場。這種交易方式，是中長期投資實現鉅額獲利的理想賣出技法。我強調過很多事情，有些話至今在市場上，仍然廣受討論。「確認山頂（高點）出現後再賣出吧」，也是我親身經歷過所提出的言論之一，這句話我真的反覆強調過很多次，真的非常重要。

　　無法獲利的投資人，大多一直重複著前一節所述的步驟，這種投資方式絕對不可能獲利，而且幾乎不可能大舉獲利。就像右頁案例一樣，投資像三星電子這種非常具代表性的績優股，把時間拉長，虧損回血的機會非常大。但如果把時間的機會成本考量進去，最終還是應該停損。

　　總市值龐大的大型股，很少會在一個交易日裡上漲 10 ～ 20％以上。要有非常大型的利多出現，或投資人大量集中的現象（又稱「資

金聚攏」），才會急速上漲 10 ～ 20％。這種時候，我們最好把股票全數賣出。難以上漲 10％的大型股，出現這種幅度的上漲，表示短時間內，可能無法再為我們帶來更多的收益了。2021 年 1 月初的三星電子、2022 年 2 月初的起亞，都是在多頭排列出現後，持續上漲，在尾聲時跳空上漲，接著「死亡交叉」出現後，就一路轉跌。* 希望各位把這個案例當作參考，應用在實戰投資上。

| 投資人錯誤的投資方式 |

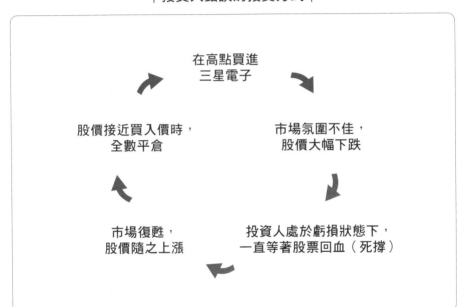

---

* 千萬不能因為是中長期投資，買進股票後就埋首不理，一路放到賣出為止。即使是大型股或市場主力股，死亡交叉出現時，不管有什麼理由，都必須考慮把股票賣出。股價沒有跌破 20 日線或 60 日線，重新上漲時再買進，這種策略才能把收益最大化。

3. 中長期投資並非萬能

很多希望能穩定獲利的投資人，經常異口同聲地問我：

「有沒有哪一檔績優股的波動較小，可以持續走揚？」

我的回答如下：

「最好根據市場變化的狀況做出反應！」

難以及時對市場做出反應的上班族，往往會希望我推薦他們可以定期定額投資並且從中獲利的股票。過去資訊有限的時期，這種優雅的投資方式是有可能實現的，市場上經常出現花上幾年時間、穩定成長的公司，其股票在幾年內緩緩上漲的狀況十分常見。但是近年來，大量媒體即時報導著股票相關資訊，投資人口增加，加上社群媒體的影響，除了部分大型股以外，現在的環境已經很難再優雅地投資股票了。全球變化之快，連經濟學者都難以預測，同時間經濟產業結構的波動也跟過去不同，非常不穩定，所以股票價格的波動非常之大。

即使是喜歡中長期投資的投資人，要學會如何預測市場變化，針對變化無常的市場，隨時做出短期應變，才能夠在不虧損的狀態下積累資產，也才可以守護我們得來不易的資產。我想說的是，中長期投資不是正確解答，也並非萬能。

能在韓國 KOSPI、KOSDAQ 市場上創新高的股票，大多都是符合

當下時代精神的公司。但市場變化非常快，潮流也經常改變，集中現象也非常嚴重。很抱歉，不過在韓國，我們很難找到像美國一樣、能在 10 ～ 20 年來都長期增長的企業。所以即使是站在中長期投資的角度，我們也必須懂得如何依照市場運作的狀況，快速做出應對。

CHAPTER 4

熊市時的股票投資

人生的坎坷，大部分都在毫無預告、無聲無息的情況下，悄然而至。股票投資也一樣，投資人最害怕的熊市（崩盤）也總是毫無預兆般地來訪。上坡的終點就是下坡或懸崖，股票市場的牛市或漲勢結束後，迎來的就是熊市或崩盤。

　　當美國的道瓊與那斯達克指數出現死亡交叉，也會對韓國市場造成影響，在 KOSPI 和 KOSDAQ 指數出現死亡交叉初期，就應該像先前我強調的那樣，快速賣掉所有持股。沒有其他方法可以選擇。這是我在市場打滾 37 年來，所學到的最佳應對方式。

SELL

1. 沒有股票能戰勝指數

　　指數崩跌的時候，大多數的個股往往會跟著走跌。如果你以為自己的持股是績優股、絕不會跌的話，那你就失算了，千萬不可以掉以輕心。大家應該都知道，KOSPI 200、KOSDAQ 150、NASDAQ 100分別是由 200、150、100 檔股票所組成的。當指數走跌，成分股也會跟著指數平均走跌，沒有任何防禦方式。當然，指數停止崩跌，緩慢走跌或橫盤（箱型）的時候，會冒出許多相較於指數，可以創造出超額收益的股票。但指數崩跌的時候，不管再優秀的投資人，幾乎都不可能創造出超越指數的超額收益。

　　讓我們再來細細探究股票投資這個行為吧。股票投資追根究柢，多半是一場機率遊戲。我也是「**在獲利機會高時進場，在難以進一步創造獲利時出場**」。希望各位要把這句話銘記在心，應用在實際投資上。請恕我再次強調：「**在獲利機會高時買進，當你認為沒有機會進一步獲利時就賣出吧！**」沒有股票能夠戰勝指數。希望各位一定要記得這段話，真理總是如此簡單明瞭。

　　真理不需要華麗的潤色修飾。這段話看似眾所皆知，非常簡單，但絕不是所有人都能做到。所以多數投資人沒有華麗的獲利，經歷更多的，是窮酸的虧損。

2. 保留現金之生存策略

　　股票投資是投資人手持資金，以股票作為媒介賺錢的投資行為。如果在熊市時遭遇大量資金被套牢，在等到股票回血之前，由於手邊沒有可操作的資金，很多時候都會因此感到無奈。特別是，如果熊市拉得太長，手邊持股都在虧損，看著滿江紅的帳戶，還會埋怨自己「到底幹嘛投資股票」。投資股票和錢有關，所以虧損時的壓力當然也會大幅上漲。在熊市或橫盤的時候，假如手中沒有資金，即使發現了好股票也沒辦法進場。牛市或漲盤初期，就算梭哈也可以輕鬆獲利，所以相對沒必要確保手邊有閒餘資金。但是橫盤（箱型）的時候，事情就完全不同了，在這種盤勢裡，最好要保留大約 50% 的資金。除此之外，當市場進入熊市時，務必要保留 80% 左右的資金。

　　　　「橫盤（箱型）保留 50% 資金！」
　　　　「熊市保留 80% 資金！」

　　就像是在戰場上，對士兵而言，槍與子彈就是守護生命最基本的武器；在股票市場上，對投資人而言，保留資金是守護和滋養資產的堡壘。我在以前出版的著作和節目上都說過，我的原則是「獲利就要兌現」。而且我只要聽到身邊有人透過股票投資賺了一大筆錢，都會建議對方把現金領出，存在一般帳戶上或是換間大房子，從長遠角度上，這些都是可以守護資產的方式。我這想法至今仍未改變。保留資金，就像是拿著刀刃，掌握主控權一樣。市場並不只有牛市，更常出

現的反而是疲弱、盤整和熊市。在這種市場上,如果所有的資金都被套在證券帳戶上,就只會失去投資的主導權,眼睜睜把結果交給市場自行發展。如果想拓展投資的範圍,請務必記得保留資金有多重要。

順帶一提,若各位有考慮轉職擔任全職投資者,保留資金同樣對我們比較有利。投資人的心態,會對大量影響股票投資的成果。手頭沒有資金,就很難保持游刃有餘的心態。若稍有不慎,市場出現緊急狀況,因為心態不夠從容,就可能做出誤判。為了挽救一次無法挽回的失誤,還可能讓內心長期飽受煎熬。所以說,如果你正在考慮轉行從事全職投資,至少要先保留 6 個月以上的生活費,如果手頭更寬裕,可以保留 1 ～ 2 年的生活費,那是最理想的了。

3. 等待下一次的機會,也是一種投資

投資股票的過程中,總會遇到幾次好機會。所謂的好機會,在股票投資裡,就代表著買進可以大賺一筆的股票。專門從事短期交易的投資人,一週甚至一天內,都可以遇到好幾次這種機會。有些人如果錯失良機,不只會感到可惜,還會對自己生氣。看到賺錢的機會消失在自己的眼前,何止是生氣,還會因此產生壓力。少量買進後股價隨即暴漲,或是股價只漲一點就賣、結果一賣就大漲,這些時候都讓人感到非常有壓力。投資股票要承受各種壓力,其實是非常辛苦的一件事,所以說,投資股票並不容易。我想告訴各位,就算賣掉手上的股票,股價就立刻大漲,也不必要太傷心。容我老調重彈一下吧。

只要資本主義的系統沒有崩潰，市場持續開放，就永遠都有機會。因為市場永遠都在改變，流行、趨勢、時代主力股也都在改變。所以沒必要因為錯過賺錢的機會而過於遺憾。安慰自己遺憾的心情，再次等待機會，機會就會再次到來。到時再好好把握這個「不知不覺間」找上門的機會就好了。

「只要股市依然開放，交易還在繼續，獲利的機會隨時都會捲土重來！」

想要長期健康地投資，壓力管理很重要，沒有任何事能凌駕於這之上。就算賺再多錢，若是失去了健康，就等同於失去了一切，毫無意義。其實我的壓力也很大，只要坐在螢幕面前，壓力就是綿延不絕。每當這種時候，我都會想到壓力管理有多重要，努力找回內心的平靜，告訴自己，機會還會再來。壓力管理跟獲利一樣重要，壓力會對投資造成各種負面影響。

2021 年 6 月，KOSPI 指數創下 3300 點的紀錄後，持續走跌了很長一段時間，身為中長期投資人的我，想迎接新機會的時期也被拉長了。不過俗話說「苦盡甘來」，2023 上半年，機會再現了。我們有機會從 ChatGPT、二次電池和半導體產業上獲利。我們絕對不可因為市場情勢不佳就什麼都不做，要持續學習和等待，等到機會再次來臨，一舉創造利潤。不論是人生還是股票投資，總有翻身的機會，我們偶爾也必須花點時間準備，才能在等待之後、在新機會來臨之時，把握良機。從這角度上看來，等待並做好準備，也是投資重要的一環。

PART 4

利用短期投資獲利

在不簡單的短期投資裡
大舉獲利

　　剛開始接觸股票的投資人，也許會先接觸到短期投資，而非中長期投資，我也一樣。老實說，想在短期投資裡大舉獲利真的不簡單，但也不是不可能。不過，在短期投資投入大量資金，本身就是一種風險，而且大多數的市場波動都比較大，必須很擅長快速應對。也就是說，投資人必須要有點經驗、有點實力，才能大舉獲利。

　　短期投資進場的時候，要針對當下的熱門議題或新聞快速做出反應，從交易量增加的股票中選擇投資標的，這就是原則。除此之外，熟悉並活用我們在「觀察圖表（技術面分析）」時介紹過的移動平均線也很重要。投資人必須善於在波動劇烈的市場上，參考過去的股價走勢，預測未來股價發展的方向，這種時候能夠幫助我們的基本資料，就是圖表。

　　PART 4 裡，我想跟大家聊聊我做短期投資的經驗談。其中包含想

要成功短期投資必做的準備、短期交易的選股、要注意的地方、以及
隸屬於短期投資範疇裡的題材股（概念股）投資。

　　我一向再三強調，擁有實力和自信，可以在短期投資賺取一定獲
利，同時具備觀察市場的眼光，亦可從中長期投資上獲利，這樣才能
說是真正具有投資實力的理想投資人。其實有很多投資人，鼓起勇氣
進行短期投資，卻只賠不賺，因而默默離開市場，這種情形比比皆是。
他們想利用短期投資，用較少資金快速獲利，卻沒想到在短期投資持
續獲利並非易事。就連從事股票投資多年的我，至今依然覺得短期投
資很困難。然而，想短期投資也不是沒有辦法，現在就讓我來跟各位
分享這個方法吧。

BUY

CHAPTER 1

理解何謂短期投資

首先，我們先來定義看看什麼是短期投資。股票投資，根據投資標的的波動與投資人的特性，可分為短期投資與中長期投資。然而這兩者之間，並沒有絕對的標準。所以說，我們沒必要煩惱「股票持有多久才算短期投資」，也沒必要劃清界線，定義出標準。我會把帳戶分成短期投資與中長期投資，僅僅是為了方便，才在名目上做區分。在短期投資的帳戶中，我很少持有股票超過兩週以上；也就是說，對我而言短期投資持有的時間最多為兩週左右，但這只不過是我個人的標準。

　　交易時，我們一天會進行好幾次買賣。在美國這種不用交易稅、便於大量交易的市場上，利用系統進行超短期（高頻）交易非常盛行。短期投資也有很多不同的形式，如果你是沒辦法整天盯盤的上班族，也可以嘗試持有 3 ～ 4 天左右再出場的短期交易。

SELL

1. 短期交易的誘惑

所有股票投資人都想獲利，所以才投資股票。既然如此，盡可能快速獲利，是所有投資人心之所向，也幾乎是我們的本能反應。如果一個投資人說「我不貪心」，就好像是委婉地說著，他沒有信心從股票上獲利。

如果不想賺大錢的話，選擇屬於安全資產的銀行儲蓄、定存或投資國債，反而更輕鬆。

假如股市狀態不佳，一年真的很難創造出 10%以上的收益。但即便是市場指數走跌的時候，大致上還是會出現 20 ～ 30 檔漲幅 10%以上的股票。無時無刻都在盯盤的操盤手或全職投資人，自然而然會關注這些上漲股。市場指數萎靡不振時，某些特定的產業或股票群裡，依然會出現幾檔飆漲的股票，這種時候，如果新聞上出現了有人從中賺到大錢的報導，老實說，那真的很令人羨慕。我甚至還會自責，覺得我怎麼能沒參與其中。

冷靜來說，會說「不要短期投資」這句話來勸阻對方的人，是沒有能力和自信透過短期投資獲利的人。但我不是要鼓吹各位進行短期投資，希望大家不要誤會。想透過短期投資賺大錢並非不可能，只不過我想強調，這件事比我們想像中更困難。短期投資的投機因素很多，也很容易暴露在「股票上癮」的風險上。就算現實是這樣，很多投資人還是無法捨棄想透過短期投資成為有錢人的想法。在低利率使市場流動性增加的時期，許多人加入了股市。當然，當時的市場相對容易獲利，不過另一方面，我也很擔心人們是否把短期投資想得太簡單了。

2. 大於獲利的交易成本

　　頻繁短期交易，務必考量交易成本。假如買進 1 億韓元（約 235 萬新臺幣）的股票再賣出，包含證券交易稅與手續費等各項交易費用在內（每家證券公司的費用都會有些差異），就大約要付 30 ～ 50 萬韓元（約 7,000 ～ 11,000 新臺幣）。舉例來說，用 1 萬韓元買進某檔股票，同樣用 1 萬元賣出，你不但沒回本，反而會虧錢。如果把股票投資比喻成一場遊戲，那麼這場遊戲，可以說是一個從負數開始的報酬率遊戲。所以，頻繁交易最終會造成成本大於獲利的情況。

　　短期投資已經不是 100％獲利，如果還因為證券交易稅和手續費而賠錢，投資人會嘗到加倍的痛苦。特別是在市場狀態不佳、難以實現獲利的情況下，頻繁交易的風險就更大了。不過，即便現實擺在眼前，許多短期交易者依然不停持續買賣，因為他們已經養成了習慣，沒辦法讓自己停止下單。

　　關於費用，讓我講一個自己的故事。這件事發生在 2021 年，某天有個契機，讓我確認了一下我在某證券公司底下，主要用於短期交易的三個帳戶。從這三個帳戶上看來，我約有 30 億韓元的累積獲利。但這一次，我試著加總所有交易手續費。驚人的是，我竟然親眼見證自己支出了高達 20 億韓元的手續費和交易稅！雖然我只是大略估算，確認一下自己支出的成本，結果卻讓我大驚失色。就像我的例子一樣，頻繁交易必須承擔比獲利更高昂的手續費和交易稅。草率地執行短期交易，可能導致我們必須面臨投資損失和交易成本這兩種虧損。許多進行短期交易的投資人，很容易忘記交易費用可能會超出獲利，一定

要把這一點銘記在心。千萬不能因成本不高就無視成本，如果輕忽了不知不覺間流逝的這些資金，絕對賺不了大錢。

3. 短期投資的優勢

對股票投資人來說，最幸福的時刻是什麼時候呢？買進的股票大幅上漲，為我們帶來大額獲利，投資股票時應該沒有比這個更幸福的事了吧。但就像我們活在這世界上一樣，市場不可能永遠友善。對投資人來說，市場不友善、不景氣的時間，比友善又景氣的時間來得更長、更多。但意外的是，在 KOSPI 指數走跌的熊市，或是股價劇烈波動的市場上，短期投資反而比中長期投資更有利。

我自己把短期投資的金額設定在 1 ～ 2 億韓元（約 235 ～ 470 萬新臺幣。雖然這個證券帳戶僅 2 億韓元，但可用信用融資買進 3 億韓元以上的股票，這絕對不是一筆小數目。）補充說明一下，短期投資很難以大筆金額來操作。較少的資金比起大規模資金，處分起來相對容易許多。當市場波動劇烈或不穩定時，我會根據那斯達克期貨來決定要不要做隔夜交易（Over Night）＊。如果跟韓國屬於同一時區的中國、香港股市走跌，前一天那斯達克期貨也走跌的話，那麼我多半不會繼續持有。

請恕我再強調一次，短期投資很難持續獲利，但不是沒有辦法。

＊沒有在當天賣掉當日購買的股票，隔天再賣出的交易策略。

我將會介紹幾種短期投資的收益模型*，各位只要學會，並掌握如何使用這些模型，積極應用在實際的短期投資上，就可從中獲利。再次強調，我希望各位在大舉獲利、帳面價值增加時，要經常實現獲利，把錢兌現，因為帳面上的數字毫無意義。相較於中長期投資，短期投資更應該設定好原則，實現帳面上的獲利。錢要進帳，才真的是自己的錢。只有曾經實現過獲利，才懂那種令人激動的幸福感。我真心希望各位能多多體驗這種實現獲利的激動。

實戰投資大會，找回遺失的短期投資手感

韓國的證券公司裡，有幾家會定期舉辦實戰投資大會。證券公司舉辦實戰投資大會，是因為這有助於宣傳公司或可以吸引新顧客。一言蔽之，就是為了宣傳和吸引新客人，才舉辦實戰投資大會。參賽者支付的交易手續費，就算付完舉辦費用和獲獎者獎金，也還綽綽有餘。

開始從事全職投資幾年後，我首度參加了實戰投資大會。當時我已維持幾年的穩定收益，對投資和買賣有一定的自信，自以為「這個程度應該已經相當不錯了吧」。為了參加實戰投資，確認自己的實力在哪，2007 年我首度參加實戰投資大會的 1 億元俱樂部，幸運地拿下了大會第二名。這讓我了解到，股票投資如果順利，不只可以靠投資獲利，還能拿到獎牌和獎金。我沒有因參加實戰投資大會，就使用什麼特別

---

* 請參考 Chapter 3 的〈短期投資交易法〉。

的交易方法，我的操作跟平時沒兩樣，也就是說，我用的就是一般投資股票的方法。不管是參加比賽還是全職投資，用的都是我自己的錢，差別在於多了一個想要獲獎的願望，所以精神上更是高度集中和謹慎。每家證券公司的規則略有差異，但普遍來說，比賽的期長是 6～8 週。

假如比賽為期 6 週，開賽以來始終維持高報酬率，但最後一個交易日不慎發生鉅額虧損，那麼這段時間的投資成果和努力都將化為泡影。別說獲獎了，甚至很多人還虧掉珍貴的本金。如果是在股票崩盤期舉辦的實戰投資大會，甚至會有 70～80% 的參賽者虧損收場。人不能長期過著緊張和精神高度集中的生活，但是股票投資、特別是短期投資，必須更加專注和慎重。絕不可因一次的虧損，讓自己陷入無法東山再起的狀態。好好利用實戰投資大會，能對我們的交易帶來偌大幫助。實戰投資是利用一定的金額，在一定期限內比拼報酬率的比賽，我認為很值得參加。回首過去，是實戰大會為我帶來更進一步的契機，讓我的短期買賣實力大幅提升一個等級。不論哪一場投資大會，只要不是一兩次偶然、而是能獲獎三次以上，那就象徵著絕佳的實力。

剛成為全職投資人時，因為本錢不夠多，只能側重於短期交易。但隨著時間推移，資金慢慢增加，管理的帳戶也變多了，不再單單側重短期投資，更多專注於中長期投資。這種情況下，有時我會覺得自己短期投資的能力變差了。每當證券公司邀請我，或是我感到自己的短期投資實力不如以往時，我偶爾會選擇參賽。帶著專注力和緊張感投入比賽，可以幫我找回短期投資的實力與手感。而當市場波動劇烈且不穩定時，比起中長期投資，我想短期投資是更能大舉獲利的方式。

正如本書開頭所說，股票投資最讓人感到幸福的一刻，是實現獲利、領出現金的時候。短期投資時，把獲利直接拿來再投資，藉此享受複利效果的這種方式，只適用於技術高超的專業操盤手。

BUY

CHAPTER 2

短期投資的
必要因素

每個人的夢想和希望都是，利用正當的方法，快速賺到一大筆錢。那些經常開出頭獎的彩券行，店門前總是排著長長人龍，讓我感覺自己好像也可以開到頭獎一樣，而加入到人龍之中。只要方法正當，每個人都願意不辭辛勞，想著賺大錢。

　　股票投資的本質，是依照公司成長的狀態，從而分享這份成果。然而，股票投資卻也是最具代表性的高風險、高報酬的遊戲。認為價值投資和成長股投資比較好的人，可能認為短期投資很是危險。短期投資絕不是壞事，但賺快錢的風險確實比較高。如果是為了比一般中長期投資人更快賺到錢，所以採取短期投資，那確實就要付出相對更多倍的努力，而且必須要擁有足夠的經驗和實力，才能從中獲利。不過，實力並非一朝一夕就能培養出來。實力來自大量的交易經驗，以及透過短期投資實現獲利的經驗。實現獲利的經驗，才能激發出投資人對短期投資的自信心。

SELL

1. 短期投資需要的投資心態

每個人都有不同的特性。就好比軍人或警察，穿上制服時，團體氛圍會掩蓋個人特質，讓所有人看起來大同小異。但回歸日常生活，無論是興趣還是專長，所有人都不一樣，可謂是「百人百態」。理所當然，股票投資人的風格和特性也各不相同。

在短期投資裡，投資人的想法和行動要敏捷快速，想法要靈活變通，動作也要更加積極。還要學會如何看圖表，也就是移動平均線（日K、週K、月K……等），因為**在橫盤市場（箱型）上做短期交易時，觀察均線以判斷買賣時機非常重要。**假如你個性從容，喜歡「慢慢買進、緩緩賣出就好」，那麼短期交易就不適合你。當然，這些絕對都是我個人的想法。

短期投資的進場標的，大多是波動較為劇烈的股票，若是沒能在高點賣出，就很可能發生意料之外的大幅虧損。這對短期投資而言可謂家常便飯。如果投資人手上持有飆漲的股票，也務必記得，要依據市場的走勢盡快出場。也就是說，短期投資人必須隨時做好準備，果斷、快速地賣出股票。這種決策和決斷，對短期投資真的很重要。倘若猶豫不決、錯失良機，就沒有第二次機會了。我想，試過短期投資的人應該都有過這種經驗吧。我自認短期投資經驗豐富，可偶爾也會錯失出場時機而蒙受虧損，這種情況每年都會發生個幾次。但即便在某檔股票上賠了錢，我還是很擅長迅速在另一檔股票上彌補虧損，讓自己回本。這不是跟各位炫耀，我想說的是，經驗再多、再有實力的投資人，也很難果決且快速地，應對短期投資的出場時機。

2. 誰都能做，但勝率卻不高的短期投資

　　任何操盤，包括短期投資，任誰都可以嘗試，沒有一個標準可以說誰絕對不能嘗試短期投資。但對工作型態無法經常盯盤的人而言，要進行波動性較大的短期投資，可能有些困難。如果因此難以專注、注意力被分散，只會對本業造成阻礙。此外，短期投資不只要有一定程度的股票投資知識，還必須懂得區分圖表上的短期高點和短期低點（再次強調，短期投資一定要知道怎麼看移動平均線！）

　　短期投資很多時候需要做出瞬間、快速的判斷，買進和賣出的時候，動作也要夠敏捷。快速的判斷、敏捷的行動、決策的能力，對短期投資而言非常重要。以我個人經驗來說，我在緊急情況下，真的很常不設定買入價和賣出價，直接用市價進行交易。這種類型的投資判斷隨時都在發生。如果今天是在打電動，那只要重新開始，一直做到有成績為止就好；然而股票投資跟錢有關，會直接關係到投資人的資產增值或損失，所以我們絕不能輕視每一次的交易。我認為，準備不夠充分，或是經驗不足的人，就沒必要嘗試短期投資。我再強調一次，短期投資獲利的機率，比我們想像中來得低。

3. 短期投資需要的事前檢查

　　擅長短期投資的證券界人士或全職投資人，要準備的事情遠遠超乎想像。開盤前，他們所做的準備都大同小異。接下來，我要介紹幾

個我認為比較重要的準備作業。

1）確認在韓國時間早晨收盤的美國股市

分析美國道瓊指數、那斯達克指數、S&P 500 指數的漲跌原因，以及成為市場上熱門話題的股票，這個步驟絕對不可或缺。不僅如此，我們還要確認這些因素裡，是否會對 KOSPI 或 KOSDAQ 指數造成影響。

2）開盤前還必須先確認韓國市場的狀況

根據目前是熊市、橫盤（箱型）或牛市，判斷目前市場使否有利於短期交易，或應該小心謹慎。如果市場崩盤或處於熊市，最好不要進行短期交易。反之，若牛市或市場整體氛圍不錯，就積極準備短期交易。

3）了解各檔個股的排程

務必要確認個股當天或一週內可轉換公司債（CB）的流通數量、附認股權公司債（BW）的權力行使數量，以及該公司有無進行現金增資或無償配股。還要檢查並記錄新股解禁 * 的股票。

4）絕不可漏掉手邊持股的重要議題

考慮要不要加碼的時候，也要先確認該股票的相關議題和新聞，

---

*所謂的新股解禁制度，是指公司上市後，大股東等對象不得立刻賣出持股，必須持有一段時間後（韓國之規定為 1～3 年）才可以賣出持股，是「投資人保護政策」之一。在新股解禁後，就會有大量賣壓湧現。（編註：臺股亦有內部人持有期間之規範，為取得內部人身分後起算 6 個月；如取得內部人身分之時間早於公司公開發行，則以公司公開發行後起算 6 個月。）

事先考慮好要買進還是賣出，做足準備。

5) 了解當下市場上，哪檔個股是利多消息或新聞的受惠股

如果出現負面新聞，就要試著預測這個新聞會對市場或個股造成什麼影響，影響會持續多久。

上面列出來的幾點，是每天 9 點開盤以前，我十分熟悉、每天都會做的事前檢查。這些是開始投資之前，事先了解市場的一種例行公事。股票投資的收益絕不會憑空而至，我們得要勤勉不懈。只有努力和學習，獲利的機率才會隨之增加。股票投資是一個「懂得越多，就能看懂越多；學得越多，就能賺到越多」的行為，這段話不管再強調幾次都不嫌多。

CHAPTER 3

短期投資交易法

在股票投資上一定要達成的一件事，就是「股票投資獨立」。我在書裡和節目上，始終竭盡全力強調這一點。仰賴別人告訴自己或釋放出來的消息，短期投資的實力絕對不會增加，也不會有所獲利。就算運氣好，賺到了一點錢，但再次需要投資時，依然會感到茫然，因為你沒有辦法在股票投資上自食其力。購買自己分析的股票並從中獲利，這樣的經驗非常重要。反覆經歷幾次之後，才能達到真正的「股票投資獨立」。

短期投資有個訣竅。以總市值較高的績優股作為練習對象，嘗試 1 年以上的短期投資後，就會對交易非常熟悉。當你熟悉了股票投資的感覺、能夠解讀圖表、掌握市場情勢後，再轉戰當時新聞上引起廣泛討論的個股吧。投資不會倒閉的績優股，就算稍微虧了點錢，也不至於賠光。

SELL

1. 尋找短期投資的標的

　　要說股票投資這檔事可分為「獨立前」與「獨立後」，那是一點也不為過。股票投資獨立不是件輕鬆的事，卻也是各位必須達成的目標。如果你正思考要轉職成全職投資人，一定要等到自己某種程度上達到「股票投資獨立」後再開始，才可以少吃點苦頭。很多投資人都很好奇，到底怎麼找到會賺錢的股票。找標的很重要也很困難。接下來會跟各位分享我的經驗，我透過以下三種方式，來尋找可以獲利的股票。

1) 在熱門股裡尋找標的
　　上市的股票非常多，但這當中，實際上有大量交易帶動漲勢、且受到市場關注的股票，大概只占整體上市股票的 10 ～ 20%。當交易量比平常更多，股價開始上漲，就代表當下有什麼話題或利多，讓投資人對這檔股票產生興趣，選擇進場。這句話雖聽起來理所當然，但在熱門股中，早期進場很重要。能否早期進場，會直接關係到我們能否大舉獲利。

2) 尋找和市場熱門話題有關的股票
　　短期交易和短期題材股交易的方法很類似。但是短期交易適用的範圍比題材股交易來得更加廣泛，可以是業績表現良好、簽訂供貨合約、與跨國企業聯手等各種新聞和話題。

3）參考短期圖表（技術面分析）

　　我會關注股價已經止跌、均線在 60 日與 120 日線橫盤的股票＊。**除此之外，股價第一波上漲了 20 ～ 30%左右後回跌，後續受到 10 日或 20 日均線支撐，然後又再度反彈的股票，也在我的關注範圍內。**

2. 短期交易的進場時機

　　短期交易的進場時機，有三個必須銘記在心的要點，以下我會逐一講解。†

　　第一點，短期投資進場的前提中，最重要的就是大盤的市場氛圍。只有在市場整體氛圍良好的情況下才能進行短期投資，假如市場暴跌或處於熊市，就不適用短期交易。所以說，在市場氛圍良好的前提下，在進行短期投資這類操盤行為時，若看到某檔股票，股價橫盤後，首度出現長紅 K 線，直接買進就對了。**在毫無波瀾的情況下，交易量微幅增加，股價隨之逐漸上漲的股票，多半都是因為最快接觸到利多消息或新聞的人在收購股票。**

　　方才我提到，「股價本處於橫盤，但當天出現長紅 K 線的股票，可以直接買進」。這句話必須再加個前提——當天漲幅落在 10％左右

＊股價不能跌破 60 日、120 日移動平均線。

†編註：本節所述進場指標以韓國股市為例，其當日漲跌幅度限制與開盤時間，皆不同於臺灣股市，
　故實際運用上須參酌臺股規範與狀況加以調整，僅供讀者參考。

的時候可以進場 *。但假如股票漲幅已超過 15％，就要慎重買進。假如各位買了一檔已經漲了 15％以上的股票，買進後務必先觀察圖表，然後找出股價上漲的真正原因。假如你認為該股票的新聞或話題來勢洶洶，想等漲停板出現也無妨。但假如股價漲了 20％以上，收盤時卻沒能走到漲停，該怎麼辦呢？這時要伺機而動，假如下午 2 點後股價依然無法漲停，千萬別留戀，一定要賣出股票。

綜上所述，即使是上漲超過 20％的股票，只要話題或新聞等利多消息夠有力，那就等著股價漲停。這裡各位必須記得的前提條件是：「在漲幅落在 10％左右的區間內買進，有強勢的好新聞或利多消息發生的時候。」

「即使上漲了 10％也要買進！」

「如果新聞和利多夠強勢，就等股價漲停。」

「如果股價沒能漲停，就伺機而動，盡可能在高點出場（韓國股市上經常出現當日股價上漲超過 20％甚至 25％，卻依然停滯不前、遲遲無法寫下漲停的情況。這種時候就不要再等了，果斷賣出吧。必須觀察情勢，盡可能賣在高點）。」

就算初期就買進已上漲 10％左右的股票，還是有些須知得讓各位知道。首先，只可以買進證券帳戶裡 10 ～ 20％左右的部位，買進後如果股價又進一步上漲，再繼續加倉。這裡還有個重點。股價也可能

---

* 譯註：韓國股市的交易時間是上午 9 點至下午 3 點半，漲跌幅限制為上下 30％。

走跌，千萬不可以因股價變低，就急著加碼。**加倉的前提條件，僅限於股價持續走揚的情況！**

「股價上漲時必須加倉。」
「股價走跌的股票絕對不能加碼（嚴禁攤平！）。」

第二點，股價上漲 20％以後，最好不要再繼續加倉。也就是說，所有的買進動作，都要在股價上漲 20％以前完成。完成進場作業後，就繼續觀察，看看股價有沒有辦法寫下漲停。補充說明，股價長時間橫盤後，首度出現長紅 K 線（股價大幅上漲 10％以上）的股票，多半會在幾天後轉為多頭排列。

| 長紅 K 線出現後，會形成下列這種多頭排列 |

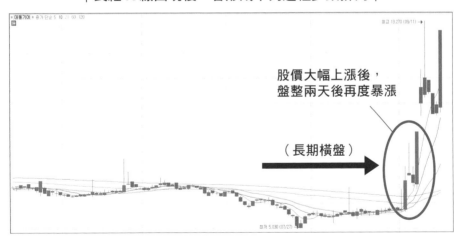

股價大幅上漲後，
盤整兩天後再度暴漲

（長期橫盤）

剛開始可能採取短期投資的方式應對進退，但是也有不少股票，隨著時間推移會出現中長期的上漲趨勢。有時投資人必須觀察情勢，看是要按照一開始的打算，選擇短期出場，或是要轉成中長期投資，帶動報酬率。**如果在 10% 左右買進的股票，最後以漲停收盤，隔天千萬不要一開盤就出場，賣出前務必要先確認當天最高價的落點在哪裡，這是操盤和短期交易裡，把報酬率極大化的方法。**

　　此外，還有一些股票因為有強勁的利多和新聞消息帶動漲勢，再加上買盤強勢，甚至還能再度漲停。這種股票第二天大多也能上漲 20% 以上。2020 與 2021 年，新冠肺炎爆發時期，很多股票在第一次漲停後，又接連創下好幾個漲停，或是股價不斷上漲。新冠相關主題股大幅上漲的股票非常多，詳細內容等到講解題材股時再說吧。

　　如果第一次漲停的當天，我沒能買進股票，隔天我絕對不會追高買進。由強勁的利多帶動、漲至漲停的股票，會在後續 3～5 天左右跌回 5 日線，然後多半又會再度上漲。所以我預期這類股票會站回 5 日線，我就會等股價實際回跌至 5 日線時再買進，然後若股價上漲，就再賣出。**當股價再度反彈的當天，漲勢若從午盤開始放緩或轉跌，就千萬不要買進。**

　　總結來說，漲幅急劇的股票，會在 3～5 天過後站回 5 日線，且通常會再度上漲。但午盤時，漲勢大多會下跌，投資人很容易在這個時候掉入加倉的誘惑中，千萬不可被迷惑而買進。這是我這麼多年來投資股票所領悟到的真理。

　　補充說明，中長期投資也有很多股票會沿著 5 日線、10 日線上漲，但這種情況多半發生在屬於時代主流的中大型股身上。短期投資時，

個股大多會在觸碰到 5 日線後，股價再度出現一次左右的反彈，接下來就絕對會跌破 5 日線。上述這段話，對短期投資來說非常重要，這通常是熟悉操盤或全職投資的投資人所使用的方法。如果你是**操盤經驗不足的初學者，因為反應不夠快，若有樣學樣，反而會陷入險境。我建議在操盤方面已有一定功底、交易經驗豐富的人，再來嘗試這種方法。初學者可以等到累積一定的經驗後再來挑戰。**

第三點，領悟短期投資交易手法的圖表模式，並加以活用。這一點還可再分為三個小點。這部分的內容，我在之前的著作《讓你一輩子成為有錢人的股票投資》（暫譯）中曾經提到過。為了加以強調，我稍微重新整理了一下。

1）N 型模式

股價原先處於橫盤，後續首度上漲約 20% 以上，並在接下來 3 ～ 7 個交易日後走跌，等股價回跌至原本的價格時，買進股票。這種模式在市場指數走跌，或股市處於牛市時不常出現，但經常出現在市場橫盤（箱型）的時候。這種模式下買進股票，可以說幾乎零壓力，也是短期交易裡，我最喜歡的圖表模式。

- 股價橫盤過程中，因利多消息而暴漲的股票
- 大量交易湧現後，3 ～ 7 天回跌，乖離縮小，在股價受到 5 日線、10 日線支撐時買進。**買進的前提是，帶動股價上漲的利多消息不可以消失。**

| N 型模式（Global SM）|

2）陽陰陽（＋－＋）模式

　　經常出現在熱門話題和利多消息持續維持的股票上。當股市行情看好時，經常可以看見陽陰陽（＋－＋）模式。也就是在乖離不大（股價沒有大幅波動）的情況下，在5日線或10日線的支撐下，發生昨天上漲（＋）、今天下跌（－）、明天上漲（＋）的圖表模式。假如股價第一天上漲（陽＋）、隔天下跌（陰－），且股價沒有脫離支撐線，滿足上述條件就可以買進。倘若第三天股價再度上漲（陽＋），就賣出股票。這種時候，如果該股票的圖表呈現多頭排列，同時又是中大型股，且屬於時代主流股，就算剛開始是以短期交易為目的進場，還是可以考慮是否要轉為中長期投資。

3）十字星（開盤價與收盤價幾乎落在相同價格）模式

　　假如20日線、60日線或120日線上，出現十字星（＋）的標誌，就買進股票。這裡有一個要注意的地方。首先，市場環境必須良好，而且務必確認股票流通數量裡，是否有發生認購（例如：CB、BW等現金增資或無償配股的數量）。

｜陽陰陽（＋－＋）模式（Tomato System）｜

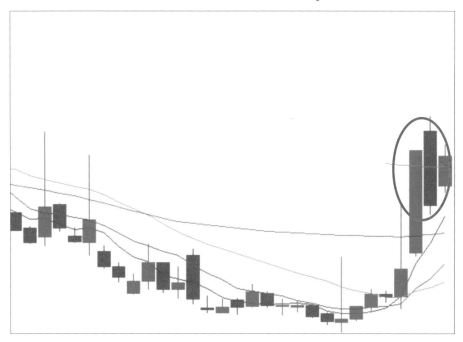

｜十字星模式（SY）｜

上述這三種圖表模式，是可以用眼睛觀察，試著去挑戰看看的短期交易進場技法。

　　我前面有提到，市場上受到關注的股票，大多只占整體上市股票的 10 ～ 20％左右。股價之所以上漲，交易量之所以高於平時，原因就是當下有熱門話題或利多因素，引起投資人的興趣，進而選擇進場。所以說，在熱門股票進一步上漲前，買在初期很重要。大多數人都是眼睜睜看著股價上漲，最後才後悔自己沒能在股價大幅上漲前買進。短期投資的進場方式如上所述，如果有股票能符合上述介紹的幾個短期投資條件，我希望各位能鼓起勇氣、買進股票。

　　有的時候，股價走勢的發展會跟上面所提到的案例有所出入，有些股票在第一波暴漲後，還會接著持續上漲。我沒有辦法解釋所有股市上會發生的情況，還請各位多多諒解。像我這樣的專業操盤手，因為可以在短時間內靈活反應，所以有時就算買在高點，也能夠獲利。我希望一般投資人只要熟悉可實踐的短期交易方法，藉此獲利就行。投資經驗不足或不成熟的投資人，可能很難於短期投資上應對進退，所以希望新手們可以先從累積經驗開始做起。如果你已經有一定水準的操盤能力，要嘗試全職投資，就可以把上述這些內容，應用在你的短期交易上。

　　即使是有好幾年股票投資經驗的人，有時不行就是不行。股票投資能不能賺錢，跟有幾年投資經驗無關。已經投資超過 5 年以上，但依然無法獲利的人，真的非常多。這類型的人，必須冷靜地重新省思自己熟悉的交易方式。最好不要聽從那些未經驗證的他人耳語，特別

是他人推薦的股票，或是在股票群組裡流竄的消息。當你這麼做，股票投資只會成為你人生的絆腳石。聽別人怎麼說就怎麼做，很容易招致虧損。要懂得如何把正確的投資方法變成自己的東西，每天持續練習、反覆獲利。這才是真正的股票投資人，而且是達成股票投資獨立的投資人。

3. 短期投資的出場

　　短期交易的過程中，假如股價上漲，大多數投資人都會趕緊買進。手邊持股倘若正在上漲，投資人感受到的幸福指數，就會與股價上升的幅度成正比。但新手由於反應較慢，風險也相對較高。也就是說，在短期投資時，要不斷抱持著快速出場的想法，如果沒有這種覺悟，最好遠離短期投資。

　　韓國股市會對前 5 日內漲幅超過 45 ～ 60％以上的股票發出「投資注意」警告。* 倘若公告後，股價仍持續上漲，該股票就會變成投資警示股。市場過熱的時候，部分股票就算被列為警示股，股價依然會持續上漲。但大部分的股票，在被列為警示股時就會停止上漲。然而那些被貼上警告標籤，但投機需求依然不減、股價仍持續走揚的股票，就會被列認為高風險股，這是最高層級的市場警報。短期交易的投資

---

* 編註：臺股中，6 日累積漲跌逾 25％的個股會被列為「注意股」（另有多種條件），以提醒投資人有漲幅異常、交易過熱等現象。若連續 3 天或一段期間內多次被列為注意股，則會進一步列為「處置股」，其搓合時間將從逐筆搓合改為 5 分鐘或 20 分鐘搓合一次，交易時也須預收股款。

人必須要預測市場是否會發出投資注意、投資警示，或短期過熱等市場處置，並做出合適的應對。

了解韓國市場的警示制度：
投資注意、投資警示、高風險投資之市場處置

　　市場警示制度適用於具備投機性質、不當交易發生機率較高的，或是股價不正常暴漲的股票，目的在於提醒投資人事先提防不當交易。韓國市場的警示制度分為三個階段 ——「注意股→警告股→高風險股」。＊讓我們逐一來看相關定義吧。

① 投資注意
　　具備投機性質或不正當交易發生可能性較高的股票，會被列為注意股，目的是防止一般投資人衝動交易，並提防潛在不當交易人士。

② 投資警示
　　若特定股票發生異常暴漲，為防止不正當之交易發生，將該股票列認為警示股（以前被稱為「監理股票」或「異常暴漲股」）。目的在於實施處置，防止假性需求，平息股價暴漲現象，以穩定市場。當

＊韓國市場警示制度相關依據為《市場監督條例第五條與市場監督條例施行細則第三條》。基於上述條例，公布具備投機性質或不正當交易可能性較高的股票，並區分為投資注意、警示、高風險，目的是防止一般投資人衝動交易，並提防潛在的不正當交易人士。詳細資訊與內容可參照：「http://moc.krx.co.kr/contents/SVL/ M/03010200/MOC03010200.jsp」。

股票被列為警示股時，會產生下列的細則規範：

- 購買該股票時，必須支付 100% 的預收款。
- 不可融資交易。
- 該股票無法被列認為替代證券（KONEX 股票除外）。
- 若股價進一步暴漲，買賣交易可能終止，並被列為高風險股。

③ 高風險投資

　　當股票被列為警示股後，若投機需求與衝動交易未趨於穩定，股價持續上漲，就會被列為高風險股。這個階段是比投資警示更上一個層級的市場警告。投資人需要特別留意這類股票。股票被列認為高風險股時，會產生下列細則規範。

- 購買該股票時，必須支付 100% 的預收款。
- 不可融資交易。
- 該股票無法被列認為替代證券（KONEX 股票除外）。
- 被列認為高風險投資股時，股票交易暫停一日。若後續股價仍進一步暴漲，暫停交易可能再續延一日。

　　希望各位投資股票時，特別在短期投資中，務必記得參考市場警示制度。在市場大幅波動、股價上漲幅度較大的情況下進行短期交易，唯有做好應對進退，才能創造收益。所以說，市場警示制度可以幫助我們，判斷飆漲股或崩跌股的真偽。我們必須了解警示制度，再加以

應對，所以我特地幫各位整理出了這些資料。

當股票被列為警示股，就不能融資，也無法被列認為替代證券。投資警告是一種罰則，也是一種警告，會使該股票的上漲趨勢放緩。警示股若想解除警告，股價就必須低於市場處置發生時的股價。

當然，就算祭出這些措施，還是有股票會繼續上漲，有些股票甚至會超越警示股，直接被列認為高風險股，不過僅有極少數的股票屬於高風險股。大部分情況下，只要投資警示處置開始實施，在處置解除之前，股價往往都處於橫盤狀態。所以說，預測到股票可能被貼上投資注意或投資警示標籤時，我會建議各位先行賣出，盡量不要繼續持有。

短期投資裡，還有一個我們必須了解的交易方法。當股價開盤就跳空上漲或大幅度上升時，就先賣出 50％ 左右的股票。假如開盤價較低，後續股價逐漸走揚，就參考分 K 線圖，確認高點位置後，等到轉捩點出現再賣出。**短期投資的出場，重點在於帶動股價上漲的新聞或話題被稀釋前，果決快速地賣出。**若是前一天強行漲停 * 的股票，開盤漲勢不強時，應該立即用開盤價至市價賣出股票。

---

* 買壓強行進場，推動股價直至漲停板的意思。

|韓國市場警示制度概要|

投資注意股

- 3天內上漲100%
- 5天內上漲60%
- 5天內上漲45% &條件不健康
- 15天內上漲100%
- 15天內上漲75% &條件不健康
- 15天內發生5次投資注意 & 上漲75%
- 2天內上漲40%（重新列認）

列認 解除時

投資警示股

2天上漲40%

預收款100%
·限制信用交易
·限制替代證券

- 5天內上漲45% &條件不健康
- 3天內上漲45%
- 5天內上漲60%
- 15天內上漲100%
- 15天內上漲75% &條件不健康

暫停交易（1日）

列認 解除時

高風險股 暫停交易（1日）

預收款100%
·限制信用交易
·限制替代證券

解除斷停交易時 重新列認投資風險股

連續上漲3天

暫停交易（1日）

① 少數證券戶集中交易
② 收盤價劇變
③ 派制板交易量排行靠前
④ 單一證券戶交易量排行靠前
⑤ 少數證券戶過度收購
⑥ 特定證券戶交易量過多
⑦ 傳聞過多
⑧ 垃圾訊息過多
⑨ 預告列認投資警示股
⑩ 解除列認投資警示股

出處：：http://moc.krx.co.kr/contents/SVL/M/03050100/MOC03050100.jsp

4. 不要依依不捨

　　股市裡波動性大的股票很多，所有人都曾錯失買進飆股的機會，或者有過就算曾持有飆股，卻早在較低價時就已賣出的經驗。更讓人惋惜的，是一賣出股票、股價就大漲的情況。投資過程中，大家通常都有這類經驗。在明明可以獲得高額收益的狀況下，投資人往往會對自己迅速出場的決定感到可惜。

　　但市場每天都會開盤，機會也會反覆出現，我們沒必要對錯過的股票依依不捨。我們要做的是吸取教訓，等到機會再度來臨時，不要錯失進場時機，不要犯下過早出場的錯誤。有句股市至理名言說：「不要和你的股票結婚！」如果沉浸在沒有早點買進的遺憾中，就可能在股價急轉直下時，犯下買進的失誤。真的很多人因這種投資方式，搞得自己狼狽不堪。特別是面對那些已經過氣的、話題不再的股票，更是如此。我毫不費力地就找到幾個案例，讓我們一起來看新冠肺炎爆發時期，幾檔大漲和大跌的股票吧。

　　創下最大漲幅的其中一檔，就是研發新冠肺炎藥物的新豐製藥（019170）。2020 年，新豐製藥曾在一年內出現逾 1,600％的漲幅。2020 年 12 月底，新豐製藥的收盤價是 124,000 韓元。但是 2023 年 8 月，新豐製藥的股票最高價只有 16,990 韓元，股價下滑 85％之多。新冠肺炎曾被評價是前所未有的災難，但隨著疫情畫下句點，情況完全轉變，進入後疫情時代，社會回歸穩定。新冠肺炎的話題逐漸從人們的腦海中被淡忘，這也表示投資人對新冠相關股票的興趣隨之淡去。本書的讀者們，可能對新冠時期的暴漲股票，也依稀有點記憶模糊了吧。

投資者失去興趣的題材與股票，下場會是如何呢？大多數都會把上漲過的部分還給市場，回歸到它原本應有的價格。當下上漲幅度越大的股票，越是如此，所有股票都是這樣。流行維持的時間不長，新的話題又會出現，又再受到市場的關注。所以說，股票就是世界的縮影。我們絕對沒有必要對暴漲或過氣的股票（話題和流行已經過時的股票）依依不捨，因為機會永遠都會捲土重來。

CHAPTER 4

短期投資的風險

我在實戰投資大會上獲獎超過 6 次，但至今依然覺得短期投資很困難。無論短期投資或中長期投資，我雖然都有信心可以從中獲利，但短期投資需要更高的專注力，以及快速的判斷力。只要稍有閃神，都很難獲利。波動性對短期投資來說是一項變數，需要快速應對。由於股票價格波動劇烈，就算我手邊的持股上漲，也絕不能掉以輕心。市場上，總是有些股票會受到新聞影響，股價大起或大落。也就是說，我們每天都會有新的買進機會，相對來說，風險也會隨之增加。

　　現在就讓我們仔細了解一下，短期投資必須注意的幾個風險吧。

SELL

1. 飆股與暴跌股的風險

　　股票價格會因應「供需法則」而波動，當買盤大於賣盤時，價格就會上漲，我想大家應該都知道這個原理。我在前面的章節已經說過，最先接觸到利多或消息的人會先買進股票，再透過社群媒體把這消息傳播出去，進一步吸引買盤，股價就會暴漲；反之則會崩跌。股價經常會因假新聞或未經驗證的新聞而暴漲；倘若該公司公開否認，股價就又會暴跌。短期投資人經常被這種雷打到。這是中長期投資人看不見的短期投資特性，也是短期投資人偶爾必須面臨的巨大風險。

　　沒辦法持續盯盤、即時應對的上班族，會等到假新聞或相關話題都塵埃落定後，也就是在股價都完全跌完的狀態下，才去確認事實的真偽，所以遇到這種風險的機率也比較低。在市場不穩定的狀態下，韓國股市的很多股票會先開高（約上漲 20% 以上），然後花一整天時間慢慢走低。所以說，如果沒有確實的消息，最好不要追高當日已經大幅上漲 20% 以上的股票。

　　順帶一提，當一檔股票的收盤價就是當日最低價時，當天所有交易該股票的短期投資人，就都是虧損收場，我的經驗大抵如此。當市場整體氛圍處於跌勢或橫盤，投資人若交易到這些收在當日最低價的股票，大多都會虧損。也就是說，這些人花了一整天時間努力想賺錢，可最終都是徒勞無功。

2. 一定要確認市場的狀態（走勢）

　　我想強調一件事——從大方向來說「沒有股票能夠戰勝指數」。這是我的經驗談，如今也是大眾廣為流傳的說法。我敢說，這是我長時間投資股票以來所領悟到的投資哲學之一。當市場走跌或崩跌時，儘管還是會有幾檔股票暴漲，不過事實上，能買進飆股並轉換成收益的概率非常低。市場不穩定且走跌時，短期投資也應趨於保守。反之，若市場狀態良好，指數走揚時，就應該積極進行短期交易。選擇符合市場走勢的投資標的，這句話再怎麼強調也不為過。

　　讓我們再舉一個新冠肺炎爆發時期的例子。當時我們應該針對製造快篩試劑或治療藥物的公司，集中進行短期交易。2023 年初成為市場焦點、主導市場走勢的 ChatGPT 題材股也一樣。當行情噴發時，我們必須運用相關性高的股票，才能從中獲利。除此之外，我們也要捨棄短期投資必須不停交易的刻板印象。不管再短的短期投資，當市場狀態不佳時，最好還是稍作歇息。我看過很多人，在市場狀態不佳時積極進行短線操作，最後導致鉅額虧損。

　　我再強調一次，要時時刻刻關注市場，了解目前市場的狀態好壞，以及目前引領市場的核心話題是什麼。只有了解這些，才能從短期投資上大舉獲利。用說的雖然簡單，但能把這點記在腦海並最終轉化成收益的人，真的非常少。

　　短期投資只要失敗一兩次，就很容易賠掉一半左右的本金。更遺憾的是，有能力回本的投資人，比想像中更少。所以說，短期投資必須先用小額累積經驗，千萬不要因為聽說大家都在投資股票，就貿然

去炒短線。如果你有這種想法，希望你先慎重考慮。從現實情況來說，雖然大多數人都是從短線開始投資股票，但在真正具備短期投資的能力之前，不進行短期投資也許才是守護資產的做法。

3. 不可以感興趣的股票

以下所述，是短期投資時絕對不能接近、也絕不能感興趣的股票。有些內容也許會反覆出現，這也就代表這些事情非常重要，還請各位諒解。

我整理了短期投資絕對不可以感興趣的類型清單，想與各位分享。希望各位可以熟讀內容，作為投資時的參考。

1) **大量發行可轉換公司債（CB）與附認股權公司債（BW）的公司**，應加以避免（詳情參考「想成為有錢人必備的股票投資常識⑨」）。

2) **公布要進行增資消息的公司**，也不適合作為短期投資的關注對象（但如果該公司的現金增資是用來投資，例如新建工廠、擴大設備等目的，雖然對短期投資來說是利空，但對長期投資是利多）。

3) **空有願景的產業**（號稱進軍二次電池、半導體、ChatGPT 等），這類股票也不能考慮。有些公司甚至只是改了下章程，就連續創下漲停板。這只是一種暫時的投機現象。

4) **前任、現任公司負責人或管理層，有貪汙、瀆職爭議的股票** *，
也應該加以避免。

5) **沒有明確原因或資訊，股價卻走跌的股票**（比如像即將除牌的股
票，因內部消息而賣出），這種股票的圖表會呈現空頭排列。

確認公司尚未償還之 CB 與 BW 的方法

投資股票時，如果投資的公司持有太多 CB 與 BW，請格外當心。
因為這類型的公司債，一定時間過後就可以轉換成股票，潛在的賣盤
會抑制股價上漲。如果這些公司債轉換成新股，流通到市場，既有股
東的股票價值就會被稀釋。

CB 和 BW 的發行是基於健康的營運行為，資金有正當被使用在企
業活動上，就可以同時為公司和股東帶來雙贏的結果，然而現實往往

---

* 2023 年 5 月 10 日發生了兩起代表性案件——「梨花電氣集團」與「第一化學株式會社」。兩家
公司的共同點在於，前任與現任員工爆出貪汙瀆職消息，導致股票被停止交易，淪為上市資格審
查對象。梨花電氣集團（ETRON、梨花電氣、IDIIA、EQCELL）得益於子公司 EQCELL 和 KIT
長期經營二次電池相關產業，集團借力於二次電池利多因素，所有子公司股價都大幅增長。但這
段時間，ETRON 爆出現任與前任員工貪汙瀆職的消息，ETRON 對此發表公告，否認貪汙嫌疑。
但後來 ETRON 又爆出業務主管大規模貪汙，2023 年 5 月 12 日被迫停止交易，淪為上市資格審
查對象。同時間，集團內其他公司，包含梨花電氣、IDIIA 也因貪汙瀆職一事被停止交易，列為
上市資格審查對象，給信任二次電池發展的投資人帶來極大虧損。另一方面，以動物醫學藥品聞
名的第一化學株式會社，自從第二代接手經營後，家族間的經營權紛爭加劇，再加上前任員工貪
汙的公告接連三次為市場所知，最終在 2023 年 7 月 20 日被迫停止交易，並列為上市資格審查對
象。這種情況比我們想像中更常發生。避免有貪汙瀆職爭議的股票，才是上上策。就算公司發表
公告否認，也不能完全相信該公司的說法。不要抱著僥倖心態置之不理，等到發生難以挽回的虧
損再後悔就來不及了。就算亡羊補牢，跑掉的羊也永遠不會再回來了。

不是如此。更多的情況是，公司因自身條件不佳而濫發 CB 與 BW。也就是說，有個別公司想從銀行籌資，卻又覺得利息負擔太重、貸款程序太過繁瑣，所以陷入誘惑，選擇採用發行 CB 或 BW 這種簡便的籌資方式。

假如一家公司持有大量 CB 與 BW，請務必謹記並當心，這些債券隨時都可能轉換成股票。CB 與 BW 轉換成股票的時機，是股價高於轉換價時，通常在短期投資股價飆漲時，債券就會被突然轉換。所以，操作短期投資的時候，為防止 CB 與 BW 突然大規模轉換的利空發生，一定要特別留意。

以下是確認韓股上市公司未償還之 CB 與 BW 的方法。

1. 進入韓國金融監督院電子公告系統，並找到「公告整合檢索」
   （https://dart.fss.or.kr/dsab007/main.do?option=corp）。

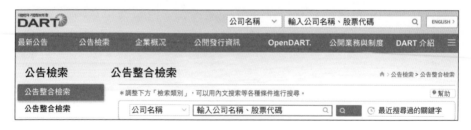

2. 在公告整合檢索欄內輸入公司名稱或股票代碼。這裡輸入股票代碼會更便於查詢。

3. 點擊最近上傳的季度、半年或年報。

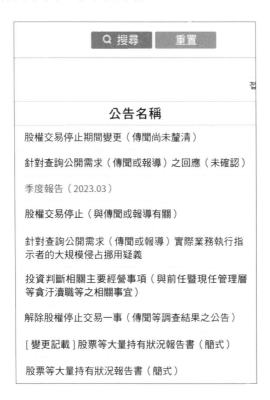

4. 點擊左側目錄中的「III. 財務相關狀態」並點擊選單下方第 7 號選項「證券發行籌資」。

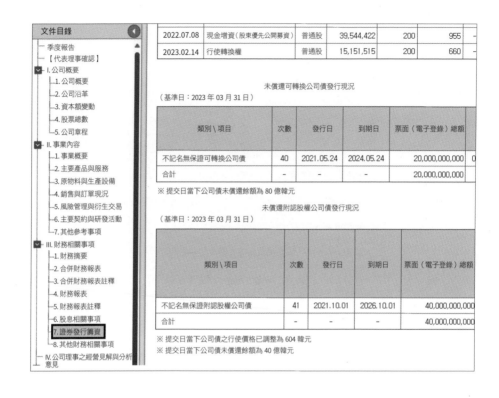

| 2022.07.08 | 現金增資（股東優先公開募資） | 普通股 | 39,544,422 | 200 | 955 | - |
| 2023.02.14 | 行使轉換權 | 普通股 | 15,151,515 | 200 | 660 | - |

未償還可轉換公司債發行現況

（基準日：2023 年 03 月 31 日）

類別＼項目	次數	發行日	到期日	票面（電子登錄）總額	
不記名無保證可轉換公司債	40	2021.05.24	2024.05.24	20,000,000,000	0
合計	-	-	-	20,000,000,000	

※ 提交日當下公司債未償還餘額為 80 億韓元

未償還附認股權公司債發行現況

（基準日：2023 年 03 月 31 日）

類別＼項目	次數	發行日	到期日	票面（電子登錄）總額
不記名無保證附認股權公司債	41	2021.10.01	2026.10.01	40,000,000,000
合計	-	-	-	40,000,000,000

※ 提交日當下公司債之行使價格已調整為 604 韓元
※ 提交日當下公司債未償還餘額為 40 億韓元

5. 如上圖所見，我們可從資料上看到未償還可轉換公司債與未償還附認股權公司債的發行現況。

　　案例裡的這家公司，持有 406 億韓元的未償還可轉換公司債，與 7 億 5,000 萬韓元的未償還附認股權公司債。406 億韓元的未償還可轉換公司債，可轉換的股票數量高達 1,700 萬股。更重要的是可以申請轉換的時間點，這家公司的可轉債持有人，隨時都可以進行轉換。未償還的附認股權公司債，也可以轉換成約 380 萬股。所以只要股價上漲，債券持有人都可以隨時轉換。所以說，各位務必要記得，股價上

漲至轉換價或行使價的話，這些公司債隨時都可能被轉換成股票，流入市場，為短期股票投資帶來風險。

編註：臺灣之可轉債相關資訊，可至證券櫃檯買賣中心官網，依以下路徑查詢：債券市場資訊＞發行資料＞轉（交）換公司債資料查詢。

網址如下：https://www.tpex.org.tw/web/bond/publish/convertible_search/code_table/cb_treaty.php?l=zh-tw

或至公開資訊觀測站，依以下路徑查詢：債券＞轉（交）換公司債與附認股權公司債＞歷史資料查詢。

網址如下：https://mops.twse.com.tw/mops/web/t120sb02_q9

BUY

CHAPTER 5

題材股（概念股）投資

在國內外造成重大影響的議題或事件，會使與相關產業有關的類股，發生同步上漲的現象，我們稱之為題材股（或概念股）。股票市場上，無數題材股出現又消失，全球股票市場每天馬不停蹄，往後也還是會有各種與新議題有關的題材股來來去去。我們只要好好學習，熟悉題材股，就可以有效將它利用在投資上。題材股投資，雖然可以額外整理成一個 PART，但承如各位所見，我只把題材股列入短期投資的其中一個章節，做了簡單的統整。因為投資題材股時的選股和交易方式，與短期投資重疊的部分很多，投資行為本身並沒有太大的不同或變化。

　　順帶一提，題材股可區分成一次性題材股與中長期題材股。韓國電影在國際電影節上獲獎、中國停止出口尿素溶液、日本福島排放汙水，這類消息就屬於短期性、一次性的題材股。韓國 5 年舉辦 1 次的總統大選、過去的南北韓經濟合作、大選後的政策，就屬於代表性的長期題材股。

SELL

1. 題材股的類型

1）國內話題

　　大選題材股*、政策題材股，通常持續時間最長，也可以維持最久。假如該次大選有一位有力的候選人，選前 2 ～ 3 年開始，相關股票就會開始呈現成長趨勢；政策題材股（概念股）則是候選人當選後會開始迅速上漲。此外，氣候、季節（熱浪、颱風等概念股）、疾病（口蹄疫、豬瘟、猴痘等）等題材股，也是韓國國內的重點題材股。

有錢人必備的股票投資常識 ⑩

辨別中長期題材

　　投資人往往很難分辨哪些題材會在短期內結束、哪些又是可持續延燒的中長期題材。其實我們靠常識判斷即可。例如，就像我剛剛提到的，韓國的大選題材股會在大選前 2 ～ 3 年開始波動，所以大選題材股的消息和議題可以長時間持續，是代表性的中長期題材股；但短期題材股，大致上不會持續超過 15 天，也就是說，帶動股價上漲的話題，會在 1 ～ 2 週內銷聲匿跡；而政策題材股的話題經常可以維持超過 1 個月以上，股價在短期內上漲 100％是常有的事。

　　如果太早賣出中長期題材股，就無法將收益最大化。例如新冠肺炎時期，Seegene、Humasis 等快篩試劑題材股，與新豐製藥等部分新

---

*請參考 PART 5 的〈話題與主題所帶動的市場主力股（大選題材股）〉

冠藥物題材股，有多檔股票都整整上漲了 10 倍（1,000%）以上。舉例來說，Seegene 平常股價落在 25,000 韓元左右，但新冠肺炎的極盛期，Seegene 的股價曾扶搖直上至 32 萬韓元。同樣作為快篩試劑題材股 Humasis，股價也從 1,500 韓元上漲至 25,000 韓元，整整上漲 15 倍。著手研發新冠藥物的新豐製藥，股價平常都停在 1 萬韓元出頭，但新冠時期股價上漲到 22 萬韓元。所以說早期買進，但在初期或中期就賣出的投資人，無法取得額外的獲利。

2）國際話題

　　當全球發生重大議題或事件，國內相關上市公司就會形成題材。像烏俄戰爭題材股、沙烏地阿拉伯新未來城概念股 *、美國大選題材股、跨國公司業績概念股（特斯拉、蘋果、輝達）等，就是代表性的案例。

2. 題材股的交易方法

　　依照流行趨勢不同，買賣題材股的方法也略有不同。**交易題材股**

---

* 沙烏地阿拉伯志在推動總金額 5,000 億美元的大規模城市建設計畫。全世界都在期待這股中東熱潮，密切關注這項計畫的發展。新未來城是一項超大型計畫，目標是在沙漠上建設一座長 170 公里、寬 200 公里的城市。高度仰賴石油的沙烏地阿拉伯，想要改變經濟型態，究竟沙烏地阿拉伯王儲穆罕默德・賓・沙爾曼的野心是否能夠成功，引起了世界的關注。韓國也時常有報導指出，韓國的主要企業為了參與這項計畫，正在暗中進行準備作業。

的基本原則是，在話題出現的初期買進，在話題消失前賣出。當然，投資題材股時，要以該題材的主力股或領頭股為主。買進題材股時，重點在於確認該股票與話題有無直接關聯性。就像新冠題材股與大選題材股，能長時間維持的題材股，或是在初期憑藉高額交易量大幅飆漲的股票，大都是該題材的主力股或領頭股。但在持續時間較長的題材股中，主力股發生變動的情況很常見。題材股通常只要主力股、領頭股開始走跌，排在第二名或第三名的股票，往往也會發生崩跌。

補充說明一下，一次性或短期題材股在應對上很困難，各位盡可能不要碰比較好。最具代表性的案例是 2021 年發生的尿素溶液事件。尿素溶液的話題曇花一現，短短幾天就失去了投資人的關注，題材就此消失。各位應該都還記得，2023 年 6 月因大眾對日本福島排放汙水感到擔憂，Insan（277410）作為鹽相關概念股，股價一度暴漲。

2023 年 6 月，Insan 的股價首度因為汙水排放的議題暴漲，但話題冷卻後，又回到了原本的股價。接著在 2023 年 8 月中旬，日本實際排放汙水的 2 週前，股價再度開始上漲，站上前高點，但汙水排放後的隔天，因為新聞沒有播報任何有關汙水造成的損失，股價再度崩跌，最後又回跌到上漲前的股價。

即便世界會隨著時間改變，但股票市場上的題材股現象還是會持續發生，只是適用的股票不同而已。所以說，我們只要熟悉 Insan 的圖表，應該會對投資題材股帶來莫大幫助。只要記得低點買進、高點賣出的原則，日後肯定能從中大舉獲利。

| Insan 的股價走勢 |

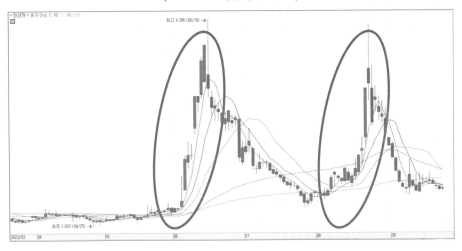

　　ChatGPT 題材股，持續的時間相對較長，大約是 10 個交易日、30 個交易日左右。我們可以運用前面章節說過的短期投資法來買賣題材股。如果是像新冠題材股或大選題材股這種中長期題材股，就運用中長期投資的交易手法。總之，買賣股票都是同樣的行為，題材股買賣並沒有什麼其他特別的方法或祕訣。結論就是，短期題材可以運用短期交易法，話題性較長的中長期題材，運用中長期交易法就可以了。即便是題材股投資，也要按照當下的情況，選擇使用短期交易或中長期交易手法。

　　題材股的股價即便大漲，如果大股東等公司主要關係人賣出的股票流入市場，或是引領股價上漲的題材和話題逐漸冷卻或消退，股價就會崩跌。所有股票投資都一樣，假如股價對比最低點，已經上漲到高點，絕不可以追高。假如投資人持有這樣的股票，在實現部分收益

後，就應該準備賣出或密切關注市場狀態，應對股價崩跌的風險。

題材股通常都聚集了大量的投機勢力。一般投資人想買進題材股時，往往股價都早已大幅上漲過了，所以必須小心謹慎。如果有在題材出現的初期或中期買進，就必須在該題材的話題和新聞褪去之前出場。賣出股票的時候，也需要高度的專注力。

3. 花無十日紅之題材股的變化無常

〈臘前月季〉是中國南宋詩人楊萬里的詩。該詩第一句中的「花無十日紅」非常有名，大家應該都聽過這句話吧。這句話也是 2014 年我在三星證券實戰投資大會 1 億元俱樂部拿下第一名後，接受《每日經濟新聞》採訪時所使用的標題。我記得我引用這詩句是為了表達，股市裡絕對沒有任何股票可以永遠持續上漲。

當特定產業相關的題材股出現飆漲現象，資金就會往該處聚集，股價接連上漲，大多數投資人都很容易為此感到興奮。事實上，對經驗老道、短期交易能力突出的投資人來說，只要市場出現漲勢猛烈的題材股，要賺錢確實很容易。要不然大選題材股極盛之時，又怎麼會有投資人說出「如果選舉可以常辦一點就好了」這種話呢？等到生氣勃勃、看似會無限上漲的題材股冷卻下來，股價開始走跌，這支股票就會像盛開後的花朵在雨後凋零、像過氣的海水浴場一樣冷冷清清。沒能在高點賣出或是在高點進場的投資人，因此茫然失措，感受到股票的變化無常。

題材股是一種投資現象，它經常突然出現，然後又像沙漠的海市蜃樓般忽然消失。這個現象究竟是投資人資產增值的大好機會，還是會成為大筆虧損的禍因，我認為這取決於投資人自己的選擇，也必須自己承擔起成敗的責任。

PART 5

創造行情噴發
（大額利差）的
股票投資

試著投資股票，
讓自己成爲有錢人吧

　　孩子來到這世界上的第一個週歲，家裡都會舉辦週歲宴。週歲宴上的重點，當然就是「抓週」了。抓週是個有趣又歡樂的活動，不過孩子如果可以從面前的一堆東西裡抓到「錢」，不只孩子的父母，在場所有人都會加倍開心，露出幸福的笑容。孩子雖然什麼都不懂，但在這世上打滾多年的父母和所有人都知道，錢才是最重要的……。

　　我從來都沒夢想過要中頭獎，因為我從來都不覺得，中樂透這種接近不可能的幸運會降臨在我身上。不過，即使需要多花一點時間，我也有信心透過股票投資，賺到比樂透頭獎更多的錢。

　　對投資人來說，僅次於中頭彩的幸運，就是買到行情大噴發的股票，我只要藉此就能圓夢。然而，就好比絕大多數去買彩券的人，都沒有這份幸運可以中頭彩一樣，也不是所有股票投資都能賺大錢。想賺錢就得學習和做好準備，只有準備充分的人，才能看見行情噴發的

機會。我可以讓買進一檔行情即將噴發的股票，透過長期持有大撈一筆的幸運，成為屬於我的機會。中頭彩的機率只有八百萬分之一，但股票投資的幸運跟這種幸運不同，行情噴發的幸運只會找上已經準備好、正伺機而動的人，這並不是一個虛無飄渺的夢。

　　說點題外話，我想過自己為何一直以來會選擇投資股票。我剛開始是為了賺錢和參與經濟活動，但成為「超級散戶」之後，我也錯過了幾檔行情噴發的股票。所以我抱持著「再給我一次機會，我一定可以大撈一筆」的決心，繼續投資著。在 PART 5 裡，我會簡單講解可以帶動行情噴發的股票類型和交易方法。

CHAPTER 1

可以創造出行情噴發的
股票類型

股票市場上沒有定型化和標準化的基準，也沒有上漲幅度要超過多少才算是行情噴發股的標準。短期內上漲 100％算是行情噴發；中長期上漲 500 ～ 1,000％也是行情噴發，當然，這些標準都是我個人的看法。

　　如果你是投資經驗豐富的投資人，但從來沒有買過行情噴發的股票並從中大舉獲利的經驗，那就可以把這章節當成一個自我省思的機會；若是投資經驗不足的投資人，可以把未來買進行情噴發股當作是致富的機會，把現在當作是等待的過程——我是抱持著這種想法，完成了這個章節。

SELL

1. 新時代的先鋒，時代主力股（新時代產業革命）

雖然有點可惜，但我個人也沒有多少買到行情噴發股從而大舉獲利的經驗。我的投資成果，不過是來自大量投資所創造的收益。我經常在事過境遷後，才發現「A股票和B股票行情噴發了啊」。對此，我抱持著自我反省的心情，努力找尋行情噴發的股票。這種努力也許是一種「妄想」，只是我在找尋著「綠洲」罷了。所以說，接下來我所說的話，與其說是給各位的投資建議，更像是我為了提醒自己不要忘卻內心那份遺憾，所留下的一份悔過書和紀錄。總之，反映出時代精神的時代主力股，就是行情噴發的候選人。讓我們一起來回顧一下過去的歷史吧。

第三次工業革命被稱為網際網路革命，這個時代拉開序幕後，人類在現實生活中的各方面，都發生了極大的變化。網際網路和電腦產業的普及，不僅帶動相關產業出現爆發性的成長，還大幅帶動上市公司的股價，實現了高速成長。美股的微軟和Google就是代表案例；在韓國，Naver、Kakao、NCSOFT則是最具代表性的受惠企業。

隨著時代變遷，我們正邁向第四次工業革命，這次的時代核心是「半導體」。2023年Open AI開發的ChatGPT風靡全球市場，使得半導體的需求呈現幾何倍數式的成長。讓我們一起看看，坐擁國際半導體企業地位的三星電子，股價上漲了多少吧？1997年時，三星電子的平均股價落在35,000韓元左右（當時的股票面額是5,000韓元）。但在2023年的當下，三星電子的面額是100韓元，所以那時的股價換算下來約是現在的600～700韓元。我們先假設目前三星電子的股價約

是 7 萬韓元，這就表示其股價上漲了 100 倍。撇除這段時間三星電子發放的股息，這 25 年來，三星電子的股價馬不停蹄地直線上漲 100 倍。三星電子是韓國最具代表性的企業，也是國際上市公司，會出現這種成長不無可能。此外，三星電子還是適合長期投資的代表性企業。

2. 產業轉型帶動的板塊領頭股

智慧型手機和平板的登場，大幅改變了人們的生活。現代人使用手機的頻率，已經勝過桌上型電腦與筆記型電腦，電腦和手機產業也因此發生劇變。產業的變化，還會造成產業板塊（sector）的改變。投資伴隨著兩個肉眼不可見的重要因素——「時間」的槓桿和「下注」的決策，它們是決定獲利多寡的重要因子。但比起這兩個重點，我們更應該關注產業轉型帶動了哪些產業板塊發生變化，從這些板塊中，找出領頭股。

不管選擇哪一家公司長時間進行投資，只要這家公司所屬的產業不受大眾關注，時間槓桿和投資成效都終將徒勞無功。我們當然不能忽略這兩個因素，但了解引領時代的產業板塊更加重要。電腦和手機產業的轉變也反映在股市上了，相關公司受到偌大關注。吸引群眾關注的公司，股價當然就會上漲。讓我們簡略來看一下 Com2uS（078340）和 KMW（032500）的股價吧。

2014 上半年，遊戲股 Com2uS 的股價大約落在 2 萬韓元左右，然而 Com2uS 股價卻在短短一年內上漲了 10 倍（1,000％），2015 上半

年已經上漲到了 20 萬韓元。通訊股 KMW，2019 年初股價落在 8,000 韓元左右，當時 KMW 是 4G 轉 5G 的最大受惠股。KMW 的股價在 2019 年 10 月來到 8 萬韓元，也上漲了 10 倍左右（1,000％）。就像上述兩個例子一樣，找到跟時代趨勢同步的產業板塊，投資該板塊底下的領頭股，就可以期待它為我們帶來豐厚收益。大家也許都聽過這句話吧？股市投資專家們都會說，股票投資的收益，70 ～ 80％來自於產業板塊的選擇，我也對這句話深表同意。

3. 從內燃機汽車進入電動車時代

大家都知道，汽車是現代社會的重點產業之一。汽車的動力引擎從原本的內燃機轉換成電動車，可說是人類歷史上一大巨變。電動車的出現，為二次電池和電池產業帶來前所未有的榮景。那麼，為電動車時代拉開序幕的特斯拉，股價走勢又是如何呢？

全球第一大電動車公司特斯拉，在 2010 年 6 月 29 日於美國那斯達克上市。特斯拉原本期望的公開發行價是 14 ～ 16 美元，最後上市時的價格高於期望，以 17 美元上市，並且掛牌第一天，股價就飆漲了 41％，收在 23.89 美元。隨著電動車越發普及，特斯拉上市 10 年後，2020 年 8 月 20 日收盤價突破 2,000 美元。由於股價不斷上漲，每股價格漲幅過高，特斯拉還分別在 2020 年 8 月和 2022 年 8 月，分別進行了兩次「5：1」和「3：1」的股票分割。後來，股價漲漲跌跌，以 2023 年 9 月初為基準，特斯拉的股價落在 270 美元左右。對太空旅行

極感興趣的伊隆‧馬斯克（Elon Musk）成為了世界首富。* 如果投資人在 2010 年特斯拉剛上市時，以 20 美元價格買進特斯拉，13 年就可以創下 150 倍以上的獲利。

| 特斯拉股價走勢（2012 ～ 2023 年） |

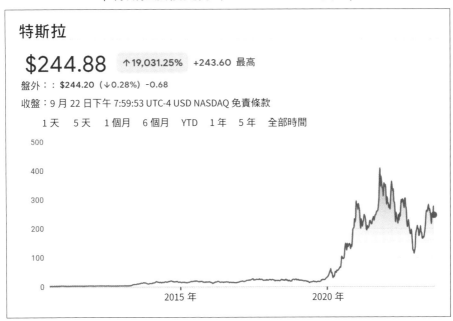

出處：Google Finance

在韓國股市，絕對不能不提到 Ecopro（086520，請各位參考 P.114 的「Ecopro 日 K 走勢」）。Ecopro 是引領 2023 年 KOSDAQ 市場指數

---

* 伊隆‧馬斯克是人類史上第一個持有超過 3,000 億美元（約 400 兆韓元、9.6 兆新臺幣）的人，這項紀錄獲得認證，還登上了金氏世界紀錄。2023 年韓國的國家預算是 640 兆韓元（約 15 兆新臺幣），相較之下，大家應該可以感受到這筆金額有多龐大吧。當然，隨著 2021 ～ 2022 年特斯拉股價下滑，3,000 億美元的紀錄已不復存在，但根據推測，馬斯克的資產大概還是有 170 兆韓元左右。電動車成功的神話，讓他登上了富豪榜。

成長的主角。2023 年 1 月初，Ecopro 的股價落在 11 萬韓元左右，當年 7 月下旬，甚至在盤中一度超越 150 萬韓元，時隔 7 個月，股價上漲大約 1,400%，漲勢驚人。此外，另一家二次電池公司 Cosmo Chem（005420）與 Cosmo AM&T（005070）在 2020 年 3 月的股價分別是 4,000 韓元與 5,000 韓元，但 2023 年 6 月也已大幅上漲，股價來到 6 萬韓元（上漲 15 倍）與 24 萬韓元（上漲 25 倍）。我也有在 4,000 韓元左右時買進 Cosmo Chem，很可惜的，我在股價 1 萬出頭時就全數平倉了。事過境遷後，我才發現這是檔行情噴發股，儘管很遺憾，但我必須對這 2 倍的收益感到知足。

每個投資人都一定經歷過這種情況。可惜的是，我們總是在事過境遷後，才對這些行情噴發的股票感到諸多遺憾。儘管如此，我依然不會失望，因為我相信市場會反覆作用，大家也要轉個念，繼續尋找行情噴發股。

錦洋（001570）的走勢也很有趣。先說結論，錦洋在 1 年 2 個月內股價上漲 30 倍（2022 年 5 月～ 2023 年 7 月）。錦洋於 1976 年在韓國有價證券市場（現在的 KOSPI）上市，一開始主要生產合成樹脂與橡膠製品發泡用的發泡劑。主力商品的特性，使得錦洋沒有獲得太多關注，股價長期處於箱型波動。後來，錦洋和符合時代趨勢的電動車電池產業有了關係，股價出現彈性。錦洋從 2022 上半年僅 4,000 韓元的股價，僅僅花了 6 個月，在 2022 年 12 月初漲到 4 萬韓元，漲幅高達 9 倍。此後，錦洋在 2023 年受到資本湧入二次電池產業的影響，二次電池相關的新事業也做出成績，2023 年 7 月下旬盤中，股價甚至一度衝到 19 萬韓元。雖然幾乎沒有投資人買在 5,000 韓元以下、

賣在 10 萬韓元左右，但看著錦洋的股價只花 1 年 3 個月就上漲 30 倍（3,000%），難免會發出感嘆。

所得增加帶動生活、健康、消費轉型，也是一種時代趨勢！

人們的所得增加，也會帶來生活、健康、消費方面的變化。千萬不要錯過這個趨勢，一定要密切關注。這種趨勢會在我們的現實生活中，不知不覺地發生。

搭上生活、健康、消費轉型的受惠公司也經常出現行情噴發，奧齒泰（048260）就是最具代表性的公司。2020 年 3 月受到新冠影響，股市崩跌的時候，奧齒泰的股價只有 2 萬韓元左右。但隨著韓國「植牙可使用健保」的利多因素，與牙齒治療方式的轉變（減少使用金牙的現象），奧齒泰的股價歷經 3 年時間，在 2023 年 4 月暴漲到 19 萬韓元左右（上漲 800%）。更值得注意的是，奧齒泰在 2023 年因員工貪汙事件（貪汙 2,215 億韓元）浮出檯面，甚至曾走到被暫停交易的地步。儘管有如此大型的利空消息，奧齒泰仍舊憑藉其在韓國植牙市場獨一無二的地位，以及健保給付的利多，克服了所有負面因素，股價大幅成長。

這再度提醒了我們，股票市場上沒有永遠的利多，也沒有永遠的利空。

4. 話題與題材帶動的市場主力股

　　新冠肺炎爆發初期，由於應對上的失誤，導致許多不幸發生。人流、物流停滯，全球史無前例陷入封閉（shutdown）狀態，股市當然也隨之崩跌。但是市場的崩跌，又因為大規模流動性供給湧入，市場急轉直上，市場上出現許多與新冠肺炎有關的暴漲股。前所未有的新冠肺炎持續了 3 年，這段時間以來新冠肺炎題材股型態變化萬千，各領域都有股票出現行情噴發的情況。

　　2020 年初快篩試劑業者 Seegene（096530）在新冠肺炎尚未爆發前，股價橫盤在 15,000 ～ 2 萬韓元之間，但隨著 2020 年 8 月新冠肺炎開始肆虐，Seegene 的股價上漲到 32 萬韓元。另一家新冠快篩試劑業者 Humasis（205470）也成為新冠受惠股。新冠肺炎出現前，Humasis 的股價停滯在 1,000 韓元左右，但 2020 年 2 月漲到了 25,000 元左右，行情噴發 2,000％以上（無償增資 300％）。新冠肺炎治療藥物相關類股新豐製藥（019570）也是此次疫情的主角。光是新冠肺炎發生前與發生後，新豐製藥的股價在短短 6 ～ 7 個月內就上漲了 2,000％。新冠肺炎是全球級的不幸事件，即便如此，這當中還是會有受惠的公司。相關受惠股的股價暴漲，代表股票市場確實擁有投機的特性，這種現象在市場上屢見不鮮。2023 年 6 月世界衛生組織（WHO）下調新冠疫情危機預警級別，解除口罩令，社會回復正常運作，這段時間裡行情噴發的新冠受惠股，股價正在逐漸回歸到疫情爆發前的水準。

　　韓國的預定活動中，規模最大、最受全國人民關注的活動，當然是每 5 年舉辦一次的「總統大選」。還有什麼事情能比選總統更重要

呢？所以說，從幾十年前開始，總統大選題材股會在選舉前後 2 ～ 3 年，成為影響市場的題材之一。選舉題材股通常可以分為人脈股和政策股，回首過去，大選題材股也有很多暴漲 500％以上的股票。除了大運河相關類股、南北經協相關類股等，諸如此類和聲勢較高的候選人政策有關的大型股票以外，單純因為某公司老闆跟候選人出身同門或同鄉，股價因此暴漲的事蹟也屢見不鮮。讓我們來舉一個最近的例子吧。

NE Neungyule（053290）屬於人脈股，第 20 屆總統大選之前，2021 年 1 月 NE Neungyule 的股價原本接近 3,000 韓元，到 2021 年 6 月初，其股價已經上漲到約 3 萬韓元，6 個月內飆漲 10 倍（1,000％）。政策相關類股的韓信機械（011700），在 2022 年 3 月大選結束後，股價在短短 2 個月內，從 4,000 韓元左右上漲到 14,000 韓元，上漲了 300％以上。

CHAPTER 2

行情噴發股的
交易方法

如同各位在前一章節所見，「可以創造出行情噴發的股票類型」有很多種。我們無法知道哪檔股票正在上漲初期、漲幅還會持續多久。如果我們知道哪一檔股票的行情會大量噴發、股價會大幅上漲，那每個人都將成為富豪。不管是什麼股票，在它剛開始上漲的時候，我們就必須準確了解它「為什麼漲」。

　　股票上漲後，我們必須去確認新聞是否合理與適當、交易量多不多。假如股價大漲的原因是類似大選題材股（概念股）或新冠題材股這類藉由題材而帶動的股票，只要使用我在題材股買賣法中介紹過的交易方法就可以了。

SELL

1. 初期買進行情噴發股

　　當新時代拉開序幕，必然會有受惠的時代主力股；或是因產業結構變化，而出現行情暴漲的市場主力股，面對這類股票，只要運用我在中長期投資章節中講解的交易方法，就不會遇到太大的困境。**前述提到的因新世代拉開序幕而暴漲的股票，大部分會出現在某類股（產業板塊）的個股中；後續提到的因產業結構變化而暴漲的股票，則大多都出現在市值較高的大型股中。**

　　補充說明一下，我個人會把韓國股市裡交易量低於 10 萬股的股票排除在關注標的之外。2023 上半年有幾檔股票，被懷疑受到「人為操縱」而登上新聞，就是代表性的案例。即便交易量暴漲，只要背後沒有交易量支持，就不關注這檔股票，這是我的投資心法之一。如果股價大幅上漲的原因，**符合前述提到的行情噴發股特性，即使股價已經相比低點上漲 30%，依然可以嘗試追買**。追買是遇到行情噴發股時，經常被使用的方法之一。相較低點上漲 30%，其實已經漲很多了。但股價經過橫盤上漲 30%，並且出現陽線的時候，即使股價已經大幅上漲，還是可以先行買進，觀察情勢。這麼做的原因在於，行情噴發股大多都會以這種模式上漲。基於經驗，直覺讓我知道這種走勢會反覆出現，這是大量經驗積累所形成的數據。

　　股價上漲初期，圖表技術面上尚未完整，所以大多數投資人肯定沒有意識到這件事。這裡的重點在於，倘若股價在技術面上呈現橫盤，後續出現大陽線（股價上漲 10% 以上的大紅 K 線），代表大陽線下方的線圖正在準備形成多頭排列。這部分內容，雖然前面也已提過，不

過這對短期和中長期交易來說很重要，請恕我反覆提及。*

　　懂得獲利的短期投資人，大多都採用這個方法。平常處於橫盤的股市，股價上漲 20％以上，接著又出現大陽線的話，就算股價已經大幅上漲，我還是會先進場觀察。如果股價進一步上漲，就繼續加碼。此處的重點在於，要在相較於低點，股價漲幅較低的位置買進。所以要盡快找出股價上漲的原因，致力於低點買進。股價暴漲後第一次碰到 5 日線時，先買進總投資額 20％左右的股票，**接下來若股價沒有跌破 5 日線、10 日線，而且進一步上漲的話，就出手加碼。行情噴發的股票，在上漲 100％以前，幾乎不會跌到 10 日線以下。**但如果跌破 10 日線後，又再跌破 20 日線的話，這種股票大多不會出現行情噴發。

　　各位務必先確認股價有沒有獲得 5 日線和 10 日線的支撐，先買進 20％左右的部位。如果股價沒有脫離 5 日線和 10 日線且持續上漲，就可以投入所有資金，加碼買進。沒有人能完全買在低點，除了我們不知道哪裡是低點以外，股價處於低點時，我們往往也不會注意到那檔股票。所以我的做法是，當股票出現行情噴發的跡象時，也就是股價橫盤後上漲 20％，接著又出現大陽線的情況下，就先把這檔股票列為行情噴發股的可能候選人。

　　行情噴發的股票絕不會只漲 30 ～ 50％，雖然上漲初期可能只是領頭主力的計畫，但至少要漲 100 ～ 300％，才真正算得上行情噴發。當然，股價相比低點已大幅上漲 30 ～ 50％，此時投入有相對的風險。事與願違、股價失去動力隨之走跌的情況也比比皆是。畢竟股票投資

---

* 短期交易的買進方法，請參考 P.155 圖表「長紅 K 線出現後，會形成下列這種多頭排列」。

除了健康的投資性質以外，同時也具有投機性。這種時候就停止加碼，繼續觀察市場，等待下一檔可能創造出行情噴發的股票出現吧。

　　這個投資方法的重點在於，股價站上5日線時要忍住全額買進的誘惑，先買進20%左右，等到確認股價不會跌破5日線和10日線，在獲得支撐且股價走揚的情況下全面加碼！理論說起來總是簡單，實踐起來卻很難。為什麼會這樣？因為投資人對自己缺乏信心。股票投資之所以困難，是因為我們必須幾經波折後，才能見證行情噴發。我在PART 5一開始時就說過，我總是想等股票行情噴發時大撈一筆，可實際上我實現的經驗並不多。不過我知道行情噴發股的走勢和數據，所以想跟各位分享，歷史上有很多行情噴發的案例，只要股票市場還開放交易，這種機會未來依然會反覆出現。

　　我很強調研究當代與掌握趨勢，當然也會抽空大量閱讀書籍，尋找有沒有對投資而言，值得參考的內容。但是據我所知，這世界上沒有任何一本股票書，有提到上述這些內容。我分享的是我十幾年來，實際投資的經驗談。不論如何，我都相信這些內容，可以對各位帶來幫助。

　　此外，有一些股票絕對無法成為行情噴發股。雖然我已強調過很多次了，但再說一次，頻繁發行可轉換公司債（CB）與附認股權公司債（BW）的公司、因無償增資導致股數眾多的公司，絕對無法創造出行情噴發。最好把這類公司的股票，屏除在關注名單之外。

2. 行情噴發股的賣出方法

　　低價買進行情噴發股，就像中樂透一樣幸運。但不管多有福氣，如果不能把獲利轉換為自己的東西，也是「徒勞無功」。懂得怎麼賣出股票，把股票變現，這些才是真正屬於自己的資產，也才能享受到賺大錢的喜悅。行情噴發股上漲到一定程度後，肯定會受到市場關注，因為它們很顯眼。

　　如果股價相較低點已經上漲 50%，這檔股票將登上排行榜，成為眾多投資人關注的股票。假如股票上漲的原因合理、通過驗證，買盤將持續湧入。大部分的行情噴發股都**可以用「資訊反應延遲效應」的理論來解釋，當「市場確認此為合理上漲」，加碼買盤的湧入，將會是股價大漲的原因之一。**股票持有人雖然會有強烈的慾望想實現收益，但請再忍耐一下，等到技術面出現死亡交叉時再全數平倉即可。

有錢人必備的股票投資常識⑫

強調多少次都不為過的「資訊延遲反應效應」

　　股票市場上有很多情況可以套用「資訊延遲反應效應」。這部分我在前作《讓你一輩子成為有錢人的股票投資》裡已經提過，這裡我就簡單說明。足以影響市場的重要資訊（利多或利空）被公開時，由於會對股價造成偌大影響，價格會因此漲或跌。但這種影響不會在一天裡落幕，資訊和新聞造成的波動，至少會持續好幾天。這是對尤金・法馬（Eugene Fama）的「效率市場假說（Efficient Market Hypothesis,

EMH）」的反面論證。

可以套用「資訊延遲反應效應」的案例不勝枚舉，讓我來講一個其中最具代表性的案例吧。電動車龍頭特斯拉在 2020 年 12 月被納入 S&P 500 指數。新聞發布前，特斯拉的股票就開始上漲；被正式納入 S&P 500 後，特斯拉股價持續上漲。股價漲勢洶洶的特斯拉，連帶使韓國本地向特斯拉供應零件的公司，股價也隨之上漲，消息公布後，股價依然持續上漲了好一陣子。顧名思義，資訊一旦被公開，效果就會發生延遲，對市場造成額外影響。「資訊延遲反應效應」不只限於利多，當利空在市場上被公布時，也會持續造成影響，使股價走跌。導致股價下跌的利空浮出檯面後，影響力不會只維持一天，而是會持續好幾天。

投資人應該把資訊延遲反應效應運用在實戰投資上。順帶一提，如果想查看有關「資訊延遲反應效應」更詳細的內容，可參考我另一部著作《讓你一輩子成為有錢人的股票投資》的 159 ～ 167 頁。上述提到的特斯拉案例，也是重新引用了這部著作中所提到的內容。

---

3. 行情噴發股的分類與重新配置

行情噴發股大致可以分成兩個種類，一種是題材股、生技、製藥（新藥開發）股等因為利多消息的「個股型飆股」；另一種則是半導體、二次電池等諸如此類的「時代主力型飆股」。

1) 大選題材股、新冠題材股等個股型飆股

　　我們先來簡單了解一下第一種類型。如果股票出現死亡交叉，各位運氣很好賣在高點的話，千萬不可以再重新買進。這類行情噴發股多半不會短期內再次暴漲。各位要盡可能賣在高點，但千萬記得，就算股價稍微回跌，也不可以再度進場。

　　讓我來講個案例，主角就是新冠題材股的賽特瑞恩（068270）。賽特瑞恩行情噴發後，股價大幅下跌，現在已經是被許多投資人淡忘的股票了。有些投資人從中大舉獲利，反過來，有些投資人卻損失慘重。賽特瑞恩在 2020 年 12 月初漲到最高點 389,000 韓元，但 2023 年 9 月下旬的股價卻只剩高點的三分之一，大約是 13 萬接近 14 萬韓元左右。沒有股票可以永遠只漲不跌，確認高點出現後，不要等待股價再次突破高點，先賣出才是上上策。當然，有些股票可能會在你賣出後再次突破高點，但誰也不知道這什麼時候才會發生，如果沒能及時把賣出，可能就會變成非自願的長期投資。當然，我們也必須做好心理準備，忍受他人的不理解。**行情噴發過一次的股票，短期內絕對無法再噴發第二次。**一檔股票需要長時間累積新話題、資源和能量，才能再次行情噴發。

2) 二次電池、AI、半導體等時代主力型飆股

　　2023 年二次電池、AI 機器人等時代主力股引領股市暴漲。同理，如果股價在高點出現死亡交叉，把股票賣出後必須繼續留意市場，如果你認為這檔股票日後會進一步成長茁壯，那麼**可以考慮在股價落到 20 日線、60 日線、120 日線左右時再次買進。**有些股票偶爾會出現反

彈（二度上漲），漲勢突破前高點的狀況。

　　雖然我講得很簡略，不過我想強調上述的內容，對股票投資來說
非常重要。所以我希望各位能熟讀上面這些內容，將其積極運用在交
易上。真心希望閱讀本書的所有讀者，都能夠創造出大行情、大獲利，
享受這份喜悅。

PART 6

股票投資獲利的
最後一塊拼圖

股票投資獲利的
最後一塊拼圖

　　最後，我想跟選擇這本書的所有讀者，分享「失敗」與「失誤」。失敗或反覆的失誤，事出必有因。現在還是有很多投資人，會因為做出不該做的選擇，嘗到痛苦的失敗經驗。我想說的就是這個。但我糾結了許久，感覺如果一開始就提到「失敗、失誤」，會給人一種負面的感覺，所以最終決定用「股票投資的最後一塊拼圖」作為這章節的題目。

　　我認為 PART 6 是畫龍點睛，如果想在股票投資上成功，就務必要遵守這些規則，並銘記在心。我相信，失敗的正面意義在於「只要防止失敗就能成功」。造成股票投資失敗的首要原因，就是「錯誤的進場」。沒有謹慎分析，衝動進場後才發現價格過高；或是原本以為股價已在低檔，結果股價暴跌到地下室，這種進場方式就是最具代表性的例子。我在前言裡就已經提過停損有多重要。從我開始投資股票到

現在，停損是我一直以來遵守的原則之一。儘管對所有人而言都一樣，停損總是令人心痛。

　　除此之外，還有一個讓股票投資必敗的原因，就是買進了牽涉到不公平交易的股票。另外，我還會針對 2023 年成為熱門話題的美國迷因（MEME）股、韓國市場的錯失恐懼症（FOMO），談談我的看法。

BUY

CHAPTER 1

買錯股必敗的原因

我首先要講的就是「買在高點」，接下來則是「買在低點」，也就是俗稱的「住在地下室」。股票投資裡決定成敗的基準點很簡單──賺了多少、賠了多少。我在本書一開頭就說到，股票投資賺錢的方法有兩種──「股息」與「利差」。投資人若因為誤判而買在高點，絕對無法賺大錢。

SELL

1. 買在高點

我們投資是為賺取利差，但若是股價走跌，損失就會發生。倘若我們經過深思熟慮選好的股票，每次都走跌，別說靠股票賺錢了，反而會越虧越多。所以說，我認為只要盡可能避免並克服失敗的發生，就可以在股票投資上取得成績。股票投資失敗的第一大原因是什麼呢？就是買在高點。當股市整體價格高漲，公司的前途似錦與利多新聞，總是讓該支股票看起來很美好。面對想投資的股票，投資人的眼裡也只看得見它的好處與積極面。然而，誘惑著投資人的利多新聞與上漲因素，早就已經反應在股價上，形成高價。菜鳥投資人往往很容易忘記這一點。

雖然看似複雜微妙，但其實股價的運作原理很簡單。利多全數反應完後，股價就不會繼續上漲；反之，如果負面的利空全數反應完後，股價就會轉跌為升。買進價格過高的股票，假如股價無法進一步上漲，自然就會造成虧損。每檔股票判斷目前股價高低的基準不同，但是我們可以從圖表上，也就是所謂的移動平均線上簡單做個確認。

2. 買在低點（住進地下室）

導致股票投資失利的另一原因，就是買在低點。讓我們回想一句有名的股市金句：「沒有人知道股價的高點和低點在哪裡。」經過努力分析、觀察圖表後，抱持著「跌到這裡應該已經是低點了吧」的想

法買進，股價卻進一步跌入地下室，我想大家都經歷過這種事吧，有這種經驗的人可謂不計其數。

造成股價暴跌的主要原因

股價突然從正常價格大幅崩跌是有原因的。雖然這些都已是老生常談，但我還是簡單整理了幾個重點。

個股暴跌的原因
① 整體市場崩跌
② 該股票的業績表現惡化（季度、年度業績）
③ 流通股數增加（大股東賣出持股、CB 或 BW 以及現金增資或無償配股所造成的流通股數增加）
④ 供貨合約撤銷
⑤ 發生持股人風險（owner risk，如做假帳、瀆職、貪汙等事件）

能夠帶動股價大幅上漲的原因只有一個——這家公司以後會賺大錢的消息——但正常的股價走跌原因卻有非常多種。如果各位看到上述這些消息，應該要停止買進，等到負面聲浪被稀釋為止。

股價下跌時，如果虧損越放越大，會使投資人過度驚恐，或可能

精神崩潰。眼睜睜看著股價不斷崩跌、陷入絕望，我想這種經驗大家應該都有過一兩次吧。

我的投資哲學中，其中一項我認為最重要的標準，就是「避免最壞的情況發生」。我很清楚，如果把錢輸光就很難東山再起，所以我認為打從一開始就該避免製造出最壞的情況，這點非常重要。總而言之，如果市場不友好，或是走勢處於悲觀狀態，不管股價再低，我們都應該先停下投資，保持觀望。這點我已反覆強調過很多次。就算你認為現在是低點，也不可以輕易買進股票。

有句至理名言是這麼說的：「地底下還有不為我所知的地下室。」就算獲利較少，我們也必須確認股價已從低檔開始上漲，再行買進。

BUY ↗

CHAPTER 2

不要猶豫或
害怕「停損」

人際關係裡面的「停損」，指的是雙方未來決定不再彼此聯繫。這件事非常可能成真。跟某個人斷聯，只要不會對自己造成傷害，其實也無所謂。

　　不過，股票投資裡的「停損」是「賣出股票、實現虧損」的行為。股票投資人應該都聽過「股票連神都預測不了」這句話。如果有位洞悉人世間一切道理的神，決定投身股市以做消遣，我想不久之後，祂就會開始考慮是否該放棄「神」的稱號了吧。股價的波動不定、變化莫測，連神都說不準。沒有人能準確預測股價的高點和低點。畢竟，所有投資人買進股票時，都不會預期自己買進的股票會持續走跌（賣空除外）。

SELL

建立並遵守 -5%停損原則

　　所有投資人都知道股價有漲有跌，但大多數投資人在自己投資的股票走跌時，往往都非常緊張。原本抱持著「我的股票馬上就要上漲」的夢想，結果實際上股價卻轉盈為虧，取而代之的是為強烈的失望。如果原本大舉獲利的證券帳戶，在沒能實現獲利的情況下轉盈為虧，數字由紅轉綠，投資人就會因剝奪感而難以入睡。我們必須下定決心，在透過股票賺錢的同時，視情況調整，不再害怕停損。

　　其實「停損」比想像中更難執行。我們的身心靈長時間受苦受難，就為了籌出本金，這些錢都是自己辛辛苦苦籌到的投資資金，能讓我的生活變得幸福，是多麼的珍貴……，可以說每一筆錢都有著它背後的故事。懷抱著成為富豪的夢開始投資，卻因為虧損太多得要認賠殺出，心理和精神面上肯定飽受劇烈衝擊。但我們必須重新審視上述提到的心態，保持冷靜。絕不可以把自己逼到無法東山再起的絕境。

　　在波動較大的個股行情下，有些股票甚至會從早上的 -10％，到下午變成 +20％。反之，也有很多股票是早盤漲停，結果在尾盤轉跌。我個人在股價 -3％時就會先停損。就算我認為走跌的股價還會再度上漲，我依然會先停損再重新進場，這個投資策略我已經行之有年。我通常建議停損率抓在 -5％，並且嚴格遵守。在 -5％賣出股票，就算股價後續跌到 -10％，然後轉換成為暴漲趨勢，也絕對不可以為此感到遺憾。

　　如果反覆停損好幾次，為避免重蹈覆轍，未來在買進新股時，就必須更準確地預估進場標的的買入價。透過這種方式，就能夠重生為

可以賺大錢且富有實力的投資者。有的時候，我也會想把所有股票都清空。最具代表性的案例是 2008 年美國金融危機，以及 2020 年新冠肺炎爆發時，我在 3 月初決定停損。當時我把自己手邊所有的持股，都以市價賣出。當然，虧損額很大，我心很痛、很傷心。但從我長期投資的經驗上看來，我相信只要持有現金，就一定會有創造鉅額獲利的機會，所以我能果斷決定停損。雖然經歷鉅額虧損，但最終的結果是，我在那年實現了高於虧損額 10 倍的獲利，而且時間比我預期的還更快。

　　糾正一些小小的失敗，建立起屬於自己的股票交易心法，就可以成為一個一輩子都能賺到錢的成功股票投資人。千萬不要害怕小額的停損。舉例來說，**如果在 -5% 停損超過 5 次，就先停止動作，不要再買入新股。然後我們必須去自行分析是哪裡出了錯，確保有時間自我反省。如果反覆在 -5% 停損超過 5 次的投資人，就應該重新從基礎學習開始做起。**平心而論，這種人也許不要碰股票投資會更好。不懂得修正錯誤的投資人，絕對無法從中獲利。不修正錯誤，反覆出錯的投資，只不過是口頭上的投資，就好比「把水舀進漏了底的水桶一樣」。股票投資人人都能做，但絕不是所有投資人都能賺錢。

CHAPTER 3

股票也會受到
不公平交易的牽連

2023 年 4 月 24 日，三千里、大成控股、鮮光、Sebang、Daou Data 等 8 檔股票，同日發生跌停。自從韓國股市漲跌停幅度放寬至 30％以後，每天總有幾檔股票寫下漲停，但多檔股票一起跌停收盤的情況卻很少見，更別說同一天整整有 8 檔股票都跌停作收。

　　當時的情況之罕見，令人十分驚訝。該事件吸引了許多投資人的關注，甚至登上財經新聞的頭條。我們就來聊聊這件事吧。

SELL

覬覦善良投資人的股市騙子

大成控股是 8 檔跌停股的其中一檔，它的股票走勢如右頁圖所示。

以大成控股為首，這 8 檔股票的共通點在於，第一天跌停時，未成交數量過多，投資人甚至難以在低價買進。接下來 3 ～ 4 天內，這些股票的股價繼續跌停，股價對比先前崩跌 80%。這起事件又被稱為 SG 證券所引發的 CFD* 賣空股價操縱事件。

2 個月過後，有 5 檔股票因為相同原因跌停，韓國股市發動緊急措施，相關股票遭暫停交易。

一般善良的投資人，不知道該公司受到股價操縱牽連而進場，因為鉅額虧損而茫然失措。當今社會，人們可以輕輕鬆鬆利用社群獲取資訊，但是利用非法股票社群提供假消息的人，以及從事股票投資詐欺的人也變得十分猖獗。各位務必要記得，這世界上沒有人會幫你透過股票進行資產增值，你自己的資產，只能透過你自己來增值。

還有一件事，我想藉著這次寫書的機會告訴各位。市場上有很多騙子會盜用我的名字和照片，對此我非常遺憾。我可以明確告訴各位，我沒有興趣經營收費的頻道或股票社群，也從來沒有從事過這些行為。有時候，我會收到友人的聯繫，告訴我他們看到「各種非法的頻道」。還有朋友告訴我，對方說他們會立刻把一筆我也不知道來源為何的投資資金轉給他，要求我的友人告訴他帳戶號碼。除此之外，我偶爾還會聽到一些非法或荒謬的消息，我這才意識到事情的嚴重性。

---

* CFD（Contract For Difference，差價合約）是一種賣空的類型，指在未持有股票的狀態下，以現金結算股票買入價格與清算價格之間利差的一種金融商品。

大成控股股價走勢

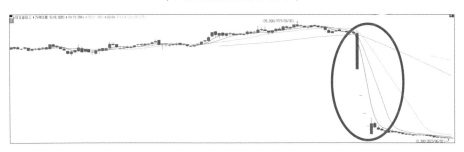

CFD 賣空股價走勢（Gold&S）

此後只要有公開發表言論的機會，我都一定會告訴大家，務必小心冒充我的假投資人和詐騙分子。可以透過書本，和各位分享我這37年來領悟的投資心法，寫下可以幫助許多投資人的內容，我就心滿意足了。我偶爾會上YouTube頻道，告訴各位市場目前的狀況和氛圍，我公開與大眾見面的行為，也就僅此而已。我不希望各位被冒充我的詐騙分子迷惑，所以在此多嘮叨了幾句。

BUY

CHAPTER 4

美國的迷因股
與韓國的錯失恐懼症

2020 年新冠肺炎爆發後，不分美股、韓股，從事網路投資的投資人皆大幅增加。韓國市場會受到美國市場絕對性的影響，相關的股票會跟著蘋果、特斯拉、輝達等股票同步漲跌，是非常理所當然的事。

　　美股的迷因股投資潮與韓股的錯失恐懼症，都是資金過度偏重於特定股票的現象，這兩件事有著類似之處。我認為觀察這個現象，對我們投資也會有所幫助。另一方面，如果你是股票投資人，你可能會認為我們需要特別仔細檢查、分析和觀察的內容變多了。但是股票投資，要學習的東西確實非常多。

SELL

1. 迷因 * 股

迷因股指的是網路上口耳相傳、引起散戶關注，並吸引投資人湧入的股票。市場上最具代表性的迷因股有 GameStop（GME）、AMC Entertainment（AMC）、Bed Bath & Beyond（BBBY）……等。事實上，GameStop 可以被稱為迷因股的始祖。

2021 年 1 月發生了一個事件，散戶為對抗大型避險基金的投機性賣空行為，最終使賣空勢力虧損了 26 兆韓元（約 191 億美元、6,000 億新臺幣），也就是所謂的遊戲驛站（GME）軋空事件。當時散戶們大量買進 GameStop 的股票，股價大幅上漲，導致賣空勢力與機構發生了鉅額虧損。以 GameStop 事件為首，美國投資人開始針對賣空比例較高的股票，與操作賣空的機構打對臺。上述的「AMC Entertainment（AMC）、Bed Bath & Beyond（BBBY）」†、National Beverage 等，都是頗具代表性的迷因股。

迷因股和公司的基本面無關，它的特性是利用散戶口耳相傳或社群宣傳，集中委託買賣交易量，所以我們無法準確知道股價劇變的理由和原因。所以如果你對迷因股感興趣，或是想投資迷因股，必須特別留意。

---

* 英國生物學家理查‧道金斯（Richard Dawkins）在他的暢銷著作《自私的基因》中所提出的概念。股票市場上的迷因股，就像是基因一樣，需要中間媒介，這種訊息的傳播媒介就是「迷因」。道金斯發明這個字彙時，參考的希臘文的模仿（Mimeme）一字。

† 散戶集中現象嚴重的 Bed Bath & Beyond，在 2023 年 4 月申請了破產保護。迷因股會像這樣，在熱潮過後股價立刻崩跌，沒能在高點賣出股票的投資人，很可能遭逢鉅額虧損。

2. 錯失恐懼症 *

　　前面我曾提過，Ecorpo 在 2023 年 1 月中旬，股價還只有 10 ～ 11 萬韓元。但借力於二次電池的集中現象，2023 年 7 月下旬股價在盤中飆漲到 150 萬韓元，只花了 6 個月時間，股價就上漲 10 倍（1,000%）。我很同意市場對這檔股票的願景和期望。但投資人開始認為，沒買到 Ecopro 的股票就好像自己被排除在外，這種心態日漸在市場上膨脹。從 2023 年初一直到 8 月為止，除了 Ecopro 以外，錦洋、浦項控股等各檔股票的集中現象也很嚴重。而且特定的題材股（超導體）還出現急速暴漲的現象。**沒能在初期買進股票的投資人，為擺脫這種在收益方面被排擠的感覺，開始冒險進行追高。這就是所謂的錯失恐懼症。**

　　股票市場上，經常發生投資人在某檔股票已大幅上漲的狀態下還追高的情況。在一般投資人眼中，追高也許是件很自然的事。但只要稍有差池，追高就很容易發展成鉅額虧損，我對此十分擔憂。不管再好的股票，只要在高點進場，風險都一定很高。雖然投資人滿心期待股價繼續上漲，所以選擇高點進場，但如果股價不如預期，開始下跌或進入盤整的話，絕對無法避免面臨高額虧損。

　　這些內容各位看起來也許有些陌生，但我認為投資人有必要熟知上述這些迷因股、錯失恐懼症與演算法交易的事蹟。總結來說，投資人只能夠自己小心留意和仔細檢查。我們周圍那些未經驗證的說法，大部分都難以被採信，因為到處都充滿了想要迷惑投資人的流言和謊

---

* 害怕只有自己不知道，可能會遭到排擠的恐懼，是 Fear Of Missing Out 的英文縮寫。意味著如果不參與世界潮流，就可能會遭受孤立的恐懼感。

言。善良的一般投資人，請務必小心謹慎。

「演算法」是題材股崩跌的背後原因！

我覺得大家最好還是要參考並了解一下演算法交易（Algorithmic Trading，或稱算法交易，是程式交易的一種），所以簡單整理一下。所謂演算法交易，是投資人先設定好買賣條件（買賣價格、委買賣量、數量、價格……等）並儲存在系統上，後續只要股票市場符合設定的條件，系統就會自動進行交易。對機構投資人來説，其好處是進出場位置不會暴露，消息也不會外流。但也有人指出，假如演算交易法過於側重於同一個方向，可能會帶來股價快速上漲或下跌等副作用。

例如 2023 年 8 月 9 日，Money Today 新聞的證券版上，一篇〈短短 20 分鐘迎來「散戶地獄」……超導體崩跌背後的原因是「演算法」？〉吸引了眾人的注意。* 這篇報導的重點在於，有分析指出，近期受市場注目而大幅上漲的超導體相關類股，其股價崩跌的原因，可能不是市場自然買賣造成的結果。報導中提到，某家證券公司的分析指出，超導體概念股的股價崩跌，有可能來自演算法交易的干涉。雖然美國的凝聚態物質理論中心指出「LK-99 不是超導體」一事，是引發超導體類股價格走跌的原因，但報導中也提到，超導體類股的股價盤整和交易量增加，引發股票大幅崩跌，從開始到結束只花了 20 分鐘。

---

* 參考 2023 年 8 月 9 日 Money Today 新聞稿（news.mt.co.kr/mtview.php?no=2023080909333322716）

這點實在令人費解,不禁讓人懷疑其中受到演算法交易的干涉。

　　不僅是超導體類股,近期市場上還發生許多類似案例,善良的投資人真的必須格外注意。2023 年 7 月底,鋰礦概念股、以及因為子公司合併事件而受到市場關注的賽特瑞恩等 3 家公司,它們大漲大跌的背後,也都被懷疑有演算法交易的推波助瀾。此外,也有分析指出,HD 現代工程機械和 HD 現代建設機械的大漲大跌案例,也令人難以理解。總之,演算法交易正在扭曲市場,更嚴重的問題在於,我們只能懷疑演算法交易會造成這種情況,卻很難掌握實質的證據。隨著世界變得越來越複雜,股票市場似乎也變得越來越複雜了。

結語

　　我投資股票至今，已過了 37 年歲月；踏上全職投資人一途，也已經過 23 個年頭。從年輕到現在，我一輩子都在投資股票，一而再、再而三地領悟到「投資股票真的很難」，但不是不可能成功。反而現在的投資環境，比過去好上太多了，成功的機率也相對增加了不少。

　　我內心抱持著「這興許是我人生中最後一本股票書」的想法，寫下了這本書。我已盡自己最大的努力去整理、去敘述，但坦白說，要敘述出可以實際應用在投資上的交易方法，確實有所局限。有很多地方，很難單純用文字解釋。特別是短期交易的部分，要說明更是難上加難，為此我依然感到遺憾。但我希望各位不要讀完就忘了、不要看過就算了，每當各位在投資上遇到煩惱的時候，我想，只要參考這本書，一定可以為各位帶來某個程度上的助益。我希望大家不要放棄，抱持著要賺大錢的心境，嘗試投資股票。雖然這條路不簡單，但絕不是不可能。

　　只要不斷思考解不開的問題、模擬解決的方法，總有一天，各位一定會看見那隱藏在背後、令人不可置信的正確答案。但我也想告訴各位，如果你不願意思考和學習，是絕對無法擁有這種經歷的。我相信各位讀者都可以經由這樣的經驗，創造出大利差、大行情。我也是含著土湯匙出生的人，靠著股票投資，走到了今天的位置。我在很多方面，都還比不上各位，希望大家看著這樣的我，不要失去希望、夢

想與勇氣。

　　希望這本書可以或多或少幫助所有讀者，達成股票投資獨立，進而達成財務自由。我懷抱著這份希望，為這本書畫下句點。總而言之，衷心希望所有投資人都能健康平安。

　　　　　　　　　　　　　　　　　　　雨潭，南錫官　敬上

52
belle vue

超級散戶的獲利模式

韓國股票投資大會冠軍的實戰交易法，短中長線都能賺！

손실 없는 투자원칙

作　　者　南錫官
譯　　者　蔡佩君
總 編 輯　曹　慧
副總編輯　邱昌昊
責任編輯　邱昌昊
封面設計　職日設計
內文插畫　職日設計
內文設計　Pluto Design
行銷企畫　黃馨慧
出　　版　奇光出版／遠足文化事業股份有限公司
　　　　　E-MAIL：lumieres@bookrep.com.tw
　　　　　粉絲團：facebook.com/lumierespublishing
發　　行　遠足文化事業股份有限公司（讀書共和國出版集團）
　　　　　www.bookrep.com.tw
　　　　　231 新北市新店區民權路 108-2 號 9 樓
　　　　　電話：（02）2218-1417
　　　　　郵撥帳號：19504465　戶名：遠足文化事業股份有限公司
法律顧問　華洋法律事務所　蘇文生律師
印　　製　呈靖彩藝有限公司
定　　價　480 元
初版一刷　2024 年 9 月
初版二刷　2025 年 1 月

ＩＳＢＮ　978-626-7221-69-3 書號：1LBV0052
　　　　　978-626-7221-73-0（EPUB）
　　　　　978-626-7221-72-3（PDF）

國家圖書館出版品預行編目資料

超級散戶的獲利模式：韓國股票投資大會冠軍的實戰交易法，短中長線都能賺！／
南錫官作；蔡佩君譯 . -- 初版 . -- 新北市：奇光出版，遠足文化事業股份有限公司，
2024.09
　　面；　公分 . --（belle vue；52）
譯自：
ISBN 978-626-7221-69-3（平裝）
1.CST: 股票投資　2.CST: 投資技術　3.CST: 投資分析
563.53　　　　　　　　　　　　　　　　　　　　　　　113011052

線上讀者回函

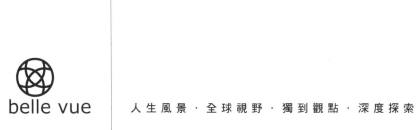

belle vue

人 生 風 景 · 全 球 視 野 · 獨 到 觀 點 · 深 度 探 索

belle vue

人生風景・全球視野・獨到觀點・深度探索